Quaderni CILS

Certificazione di Italiano come Lingua Straniera

a cura del Centro CILS - Università per Stranieri di Siena

CILS

Livello **DUE - B2**

Sessioni:

Giugno 2006 - Dicembre 2006
Giugno 2007 - Dicembre 2007

Guerra Edizioni

Contiene CD-Rom con file audio in formato digitale (Mp3), con le registrazioni delle *Prove di ascolto*.

Requisiti di sistema per l'utilizzo

64 MB di memoria RAM di sistema disponibili; 70 MB di spazio disponibile su disco; risoluzione 1024x768 (migliaia di colori), display a colori 16 bit; unità CD-Rom

Windows:
Pentium Intel a 200 MHz; Windows 98 SE, Windows Me, Windows NT 4, Windows 2000, o Windows XP

Macintosh:
Mac OS 9.1 e successivo, o OS X 10.1 e successivo

Si fa presente che i file audio allegati al volume sono i file originali degli esami, per cui ci possono essere incongruenze con le istruzioni finali della versione cartacea delle trascrizioni delle prove di ascolto che sono state adeguate alle attuali procedure dell'esame.

I edizione
© Copyright 2010
Università per Stranieri di Siena

ISBN 978-88-557-0295-9

3.   2.
2012 2011

La realizzazione di un libro comporta un attento lavoro di revisione e controllo sulle informazioni contenute nel testo, sull'iconografia e sul rapporto che intercorre tra testo e immagine.
Nonostante il costante controllo, è quasi impossibile pubblicare un libro del tutto privo di errori o refusi.
Per questa ragione ringraziamo fin da ora i lettori che li vorranno segnalare al seguente indirizzo:

Guerra Edizioni
via Aldo Manna, 25 - Perugia (Italia)
tel. +39 075 5289090
fax +39 075 5288244
e-mail: info@guerraedizioni.com
www.guerraedizioni.com

Presentazione

Con la pubblicazione delle prove di esame della *CILS - Certificazione di Italiano come Lingua Straniera -* prosegue l'opera di costante rendicontazione pubblica di quanto via via realizzato da parte del Centro dell'Università per Stranieri di Siena che si occupa della progettazione e gestione degli esami di certificazione, nonché della valutazione dei risultati ottenuti dai candidati stranieri. La sempre maggiore diffusione della CILS in Italia e nel mondo è testimonianza della sua intrinseca qualità in quanto strumento certificatorio: appare evidente che il suo successo è dovuto alla capacità di rispondere nel modo più appropriato alle esigenze dei diversi pubblici dell'italiano L2. Il suo sillabo e il formato dei test, l'accuratezza della valutazione e il costante rapporto con i soggetti impegnati nella gestione delle prove sono gli elementi che contribuiscono in modo decisivo al successo della CILS.

A queste caratteristiche riteniamo che se ne debba aggiungere un'altra, e cioè proprio il costante rendere conto delle scelte operate a tutti i livelli: dal modello teorico di lingua, di competenza linguistica e di sua misurazione, ai formati dei test e alle procedure di valutazione. Sin dall'esordio, agli inizi degli anni '90, fu scelta questa strada, nella consapevolezza che solo attraverso un costante dialogo con tutti i soggetti impegnati nella gestione della diffusione della nostra lingua nel mondo fosse possibile dotarsi di uno strumento che contribuisse a colmare la distanza che allora caratterizzava la condizione della lingua italiana rispetto a quella delle altre lingue a grande diffusione internazionale, per le quali le metodologie e le pratiche della valutazione certificatoria erano acquisite da molto più tempo.

Il rendere trasparente quello che si fa non è solo, perciò, normale istanza metodologica che è (o dovrebbe essere) propria di tutti coloro che sono impegnati in azioni di ricerca scientifica pura o applicata, ma strumento per il dialogo, visto come tratto specifico del progetto CILS nel perseguimento di una identità che sia frutto degli apporti di quanti più possibile impegnati nel settore: dagli insegnanti agli esperti di valutazione; dai funzionari delle nostre Istituzioni operanti all'estero nella diffusione della lingua e cultura italiana agli stessi candidati. Almeno in questo la CILS ha anticipato lo stesso *Quadro Comune Europeo di Riferimento per le Lingue*, che considera tratto centrale della propria proposta il coinvolgimento attivo di quanti più soggetti possibile nel definire un progetto di crescita espressivo-comunicativa fondata sulle istanze di estesa responsabilità e di democratica partecipazione.

Dai primi *Quaderni CILS* alle prove rese disponibili via internet, passando per una bibliografia ampia che ha visto recentemente la pubblicazione di un manuale della valutazione certificatoria per l'italiano L2 (vera e propria summa dell'esperienza del Centro CILS), la via è stata quella di dare conto delle scelte teoriche, innanzitutto, ma anche di quelle operative, direttamente coinvolgenti i destinatari finali della CILS, ovvero i candidati stranieri, gli apprendenti che si misurano con la valutazione certificatoria.

L'auspicio è che la pubblicazione delle prove risponda alle attese di tutti i soggetti implicati nella CILS: il Centro CILS in primo luogo, che può avere un più costante ed esteso riscontro di quanto fatto; gli insegnanti, che possono preparare più adeguatamente i loro studenti che intendano sostenere gli esami CILS; i candidati stessi, che possono allenarsi ai formati delle prove CILS e far pervenire al Centro CILS richieste, dubbi, suggerimenti che contribuiscono in modo decisivo a rendere la certificazione sempre più adeguata alle attese e ai bisogni dei suoi destinatari.

Come Rettore dell'Università per Stranieri di Siena sono lieto di vedere pubblicato il materiale d'esame della CILS anche in quanto testimonianza della qualità professionale, dell'impegno intelligente e creativo del personale del Centro CILS e di tutte le strutture dell'Ateneo che a tale impresa cooperano.

Massimo Vedovelli
Rettore dell'Università per Stranieri di Siena

3

Ringraziamenti

Il Centro CILS ringrazia tutti coloro che, a partire dal 1993, anno della prima sperimentazione degli esami, hanno creduto nella Certificazione CILS. Il loro sostegno è stato fondamentale per la realizzazione della CILS, come strumento per la promozione della lingua italiana nel mondo, in grado di rispondere in modo appropriato ai bisogni linguistici di chi ad essa si avvicina, ma anche per la valorizzazione delle attività di ricerca, motore indispensabile per la progettazione dell'impianto teorico-metodologico della certificazione e delle prove.

Il nostro ringraziamento va a tutti coloro che, all'interno dell'Università, hanno collaborato alla realizzazione della CILS; a tutti coloro che, nelle numerosissime sedi di esame diffuse in tutto il mondo, hanno promosso la sua utilizzazione e organizzato le sessioni di esame; ai molti valutatori che hanno condiviso con noi le delicatissime attività di valutazione delle prove e la ricerca di procedure in grado di garantire lo stesso trattamento a tutti i candidati.

4

I test contenuti nei Quaderni CILS sono frutto della intensa attività di ricerca e sperimentazione comune del personale del Centro CILS dell'Università per Stranieri di Siena: progettati e discussi congiuntamente nelle loro diverse fasi, sono poi realizzati dai singoli autori come segue:

LIVELLO DUE-B2 - Giugno 2006   a cura di Silvia Lucarelli
LIVELLO DUE-B2 - Dicembre 2006   a cura di Beatrice Strambi

LIVELLO DUE-B2 - Giugno 2007   a cura di Anna Maria Scaglioso
LIVELLO DUE-B2 - Dicembre 2007   a cura di Laura Sprugnoli

Elaborazione e realizzazione dei fogli elettronici: Anna Bandini
Criteri di valutazione: i medesimi autori dei relativi test
Realizzazione dei testi audio: Studio di registrazione e doppiaggio Francini, Arezzo
Realizzazione e montaggio delle audiocassette e dei CD per il test di Ascolto: Laura Mulas

Direzione scientifica: Monica Barni

Introduzione

La CILS - Certificazione di Italiano come Lingua Straniera dell'Università per Stranieri di Siena

La CILS - Certificazione di Italiano come Lingua Straniera - attesta il grado di competenza linguistico-comunicativa in italiano come L2. La CILS è rilasciata dall'Università per Stranieri di Siena e riconosciuta come titolo ufficiale di competenza linguistica in base alla Legge 17 febbraio 1992, n. 204 e dal comma 3 dell'art. 10 dello Statuto dell'Università. Il Ministero degli Affari Esteri, in base a una convenzione quadro, riconosce gli Istituti Italiani di Cultura all'estero come sedi di primaria rilevanza per gli esami CILS.

La CILS è progettata e realizzata all'interno del Centro CILS, un Centro di Ricerca e Servizi che ha una autonoma natura entro l'Università per Stranieri di Siena, ed è indipendente dai Centri che erogano servizi di formazione linguistica. È frutto di una attività di ricerca e sperimentazione continua, sia per quanto concerne i modelli teorico-metodologici di riferimento per la descrizione e l'articolazione in livelli della competenza linguistico-comunicativa, sia per le scelte relative alla sua verifica, valutazione e certificazione.

Riferimenti teorico-metodologici

I documenti redatti a livello europeo, ed in particolare il *Quadro Comune Europeo di Riferimento* (d'ora in poi *QCER*), sono stati al centro dell'elaborazione della CILS. La CILS ha posto alla propria base i principi che il *QCER* considera fondamentali nella promozione del *plurilinguismo*, e cioè che:
- ogni lingua ha specificità proprie;
- la promozione del plurilinguismo europeo va effettuata mediante una pluralità di linee di intervento, di modelli teorico-metodologici e di soggetti che rappresentino fedelmente la multivariata realtà esistente;
- la pur raccomandata pluralità di modelli va comunque basata su un codice comune, su una batteria concettuale e terminologica condivisa e condivisibile dal sistema dei soggetti che operano nel settore della promozione linguistica. In particolare, nel campo della verifica e valutazione della competenza linguistico-comunicativa, questo sottintende la necessità della ricerca di sempre più adeguati modelli e metodi per l'accertamento, in un quadro di libera ricerca scientifica.

Pertanto, partendo dai principi che animano il documento e dall'elaborazione in esso contenuta della metafora operativa del *continuum* di competenza linguistico-comunicativa, come una estensione del concetto di 'spazio linguistico', il Centro CILS ha elaborato una sua descrizione dei livelli di competenza per la lingua italiana come L2, lingua non nativa.

I livelli CILS

Il sistema di Certificazione CILS copre tutti i sei livelli di competenza linguistico-comunicativa proposti dal *QCER*. Ogni livello CILS è autonomo e completo: la certificazione di ogni livello dichiara un grado di capacità comunicativa adeguato a specifici contesti sociali, professionali, di studio.

Il seguente quadro illustra il parallelismo fra i livelli CILS e il livelli del *QCER*.

Livelli *QCER*		Livelli *CILS*
Utente basico	A1	CILS A1
	A2	CILS A2
Utente indipendente	B1	CILS UNO - B1
	B2	CILS DUE - B2
Utente competente	C1	CILS TRE - C1
	C2	CILS QUATTRO - C2

I Livelli A1 e A2 sono destinati a chi si trova nella fase iniziale del processo di apprendimento dell'italiano L2. Il Livello A1 è il livello di avvio del processo di apprendimento dell'italiano.

Il Livello A2 attesta una competenza iniziale, in via di formazione, ma non ancora del tutto autonoma dal punto di vista comunicativo. I Livelli A1 e A2 hanno una struttura modulare, differenziata per tipo di pubblico, per garantire la spendibilità della competenza in determinati contesti d'uso della lingua. Sono stati attivati i moduli per il pubblico degli stranieri adulti residenti in Italia, per gli stranieri adulti che apprendono l'italiano all'estero, per bambini (8-11 anni) e ragazzi (12-16 anni).

Il Livello UNO – B1 è il livello di base della competenza: verifica le capacità linguistico-comunicative necessarie

5

per usare la lingua italiana con autonomia e in modo adeguato nelle situazioni più frequenti della vita quotidiana.

Il livello DUE – B2 è il livello intermedio della competenza linguistico-comunicativa. Prevede una maggiore capacità di uso di elementi dell'area fondamentale della lingua e permette di gestire una maggiore varietà di situazioni, sempre tipiche della vita quotidiana. Chi possiede questo livello è in grado di comunicare efficacemente durante un soggiorno in Italia per motivi di studio e in un contatto con la lingua e la cultura italiana anche per motivi di lavoro. Il possesso di questo certificato consente ad uno straniero extra-comunitario di iscriversi nelle università italiane senza dover sostenere la prova di conoscenza della lingua italiana.

Il Livello TRE – C1 è il livello superiore della competenza linguistico-comunicativa: prevede un ampliamento dell'area degli usi linguistici e dei contesti di comunicazione. Permette di comunicare non solo in situazioni tipiche della vita quotidiana, ma anche nei rapporti formali di tipo pubblico e nei rapporti di lavoro.

Il livello QUATTRO – C2 è il livello avanzato della competenza linguistico-comunicativa: prevede un ulteriore ampliamento degli usi linguistici e la capacità del candidato di dominare una vasta gamma di situazioni comunicative. Permette di interagire non solo in tutte le situazioni informali e formali di comunicazione, ma anche in quelle professionali.

Destinatari

Tutti i cittadini stranieri e i cittadini italiani residenti all'estero possono iscriversi agli esami CILS. Non ci sono limiti di età e non è necessario possedere titoli di studio particolari, né aver superato un esame CILS di livello inferiore. Le prove non sono legate a particolari metodi o tipi di corsi di lingua. Ogni candidato può prepararsi agli esami CILS nel modo più appropriato e adeguato alle caratteristiche del livello. La CILS serve a chi studia l'italiano, a chi lavora e studia in contatto con la realtà italiana, a chi vuole misurare la propria competenza in italiano.

6

Le prove e la valutazione

Per ottenere il Certificato di uno dei sei livelli è necessario superare un esame composto da prove di ascolto, comprensione della lettura, analisi delle strutture di comunicazione, produzione scritta, produzione orale.

Tutte le prove sono prodotte e valutate presso il Centro Certificazione dell'Università per Stranieri di Siena sulla base dei parametri europei indicati nei documenti del Consiglio d'Europa e delle ricerche più avanzate nel settore della valutazione.

Per ottenere la Certificazione CILS il candidato deve raggiungere un punteggio minimo in tutte le abilità di cui si compone l'esame.

Se il candidato raggiunge il punteggio minimo solo in alcune abilità, il risultato ottenuto è capitalizzabile: in un esame successivo il candidato può sostenere solo le prove relative alle abilità non superate. Le abilità capitalizzate valgono per un anno dal primo esame sostenuto. La CILS valorizza anche il possesso di abilità differenziate. Il candidato che capitalizza le abilità che rispondono ai propri bisogni linguistico-comunicativi e che garantiscono la spendibilità della competenza in ambiti di studio o di lavoro può autonomamente decidere di non sostenere di nuovo l'esame. Come certificazione del livello raggiunto in queste abilità, riceve un attestato in cui sono riportati i punteggi ottenuti.

I Quaderni CILS

I Quaderni CILS contengono le prove somministrate nelle due sessioni di esame (giugno e dicembre) negli anni 2006 e 2007. Secondo quanto raccomandato nel *QCER* per ogni azione mirata all'apprendimento, insegnamento, valutazione delle lingue, il principale obiettivo che ha guidato la realizzazione dei quaderni è la trasparenza. Pertanto, oltre ai test, nel volume sono presenti i CD contenenti i testi per le prove di ascolto, le trascrizioni delle prove di ascolto, le chiavi e i criteri di valutazione delle prove utilizzati, i modelli dei fogli elettronici, le istruzioni per la somministrazione delle prove.

Destinatari

Grazie ai vari strumenti in essi contenuti, i *Quaderni CILS* sono destinati a tutti coloro che sono impegnati nel processo di apprendimento, insegnamento e valutazione della competenza linguistico-comunicativa, o operano nel settore. Sono utili agli studenti per esercitarsi e misurarsi con le prove e controllare i risultati ottenuti. Sono uno strumento di orientamento per la scelta del livello di esame adeguato al proprio livello di competenza linguistico-comunicativa. Per gli insegnanti, sono strumenti utilizzabili in classe per simulare l'esame o parti dell'esame e indirizzare gli studenti verso il livello più adeguato.

Il presente quaderno, contenente le prove del Livello DUE-B2, è destinato ad apprendenti che possiedono una competenza autonoma in italiano L2.

Al livello DUE-B2 l'apprendente possiede la piena autonomia della competenza comunicativa in italiano L2, è in grado di comunicare efficacemente durante un soggiorno in Italia per motivi di studio e di gestire i contatti con la lingua e la cultura italiana anche per motivi di lavoro, è in grado di comprendere le idee fondamentali di testi anche complessi che si riferiscono sia ad argomenti legati alla realtà della vita quotidiana sia a concetti più astratti.

È il livello minimo di competenza per l'accesso al sistema universitario italiano, per realizzare un ciclo di studi entro un progetto di mobilità breve di studenti ma anche di docenti e ricercatori, per fruire di borse di studio assegnate dallo Stato italiano e per svolgere un periodo di tirocinio presso un corso di diploma o presso aziende.

Altre letture

Per indicazioni più dettagliate del sistema di Certificazione CILS e per la descrizione dei livelli, rimandiamo a Centro CILS (a cura di), 2009, *Linee Guida CILS*, Perugia, Guerra Edizioni.

I modelli teorico-metodologici e le scelte operative che sono alla base della CILS sono state descritte in varie pubblicazioni a stampa.

Consigliamo la lettura di:

Vedovelli M. (a cura di), 2005, *Manuale della certificazione dell'italiano L2*, Roma, Carocci. Si tratta del primo manuale pubblicato in Italia sulle tematiche della valutazione certificatoria;

Vedovelli M., 2002, *Guida all'italiano di stranieri. La prospettiva del 'Quadro comune europeo per le lingue'*, Roma, Carocci. Il volume esamina e discute il *Quadro Comune Europeo di Riferimento per le Lingue* (Council of Europe, 2000, *Common European Framework of Reference for Languages: Learning, teaching, assessment*, Modern Languages Division, Strasbourg, Cambridge, Cambridge University Press);

AA.VV., 2003, *Valutare e certificare l'italiano di stranieri. I livelli iniziali*, Perugia, Guerra Edizioni. Nel volume vengono affrontate la descrizione dei momenti di avvio dello sviluppo della competenza in lingua italiana e le condizioni di possibilità per la sua valutazione.

<u>7</u>

Monica Barni
Direttore del Centro CILS

Indice

LIVELLO DUE - B2

Sessione GIUGNO 2006

Sessione DICEMBRE 2006

Sessione GIUGNO 2007

Sessione DICEMBRE 2007

LIVELLO DUE - B2

Certificazione di Italiano come Lingua Straniera

Istruzioni per lo svolgimento delle prove

Centro CILS - Università per Stranieri di Siena

Durata delle Prove: Livelli A1 e A2

Prove scritte

	LIVELLO A1 ad. in Italia	LIVELLO A1 ad. all'estero	LIVELLO A1 ragazzi	LIVELLO A1 bambini	LIVELLO A2 ad. in Italia	LIVELLO A2 ad. all'estero	LIVELLO A2 ragazzi	LIVELLO A2 bambini
Ascolto	30'	30'	30'	30'	30'	30'	30'	30'
Comprensione della lettura	30'	30'	30'	30'	40'	40'	40'	40'
Analisi strutture comunicazione	—	30'	30'	—	—	40'	40'	40'
Pausa	15'	15'	15'	15'	15'	15'	15'	15'
Produzione scritta	30'	30'	30'	30'	40'	40'	40'	40'
Durata totale delle prove	1h 45' ca.	2h 15' ca.	2h 15' ca.	1h 45' ca.	2h 05' ca.	2h 45' ca.	2h 45' ca.	2h 45' ca.

Prove Orali

Produzione orale	10' ca.	10' ca.	10' ca.	10' ca.	10' ca.	10' ca.	10' ca.	10' ca.

Durata delle Prove: Livelli Uno-B1, Due-B2, Tre-C1, Quattro-C2

Prove scritte

	LIVELLO UNO-B1	LIVELLO DUE-B2	LIVELLO TRE-C1	LIVELLO QUATTRO-C2
Ascolto	30'	30'	40'	40'
Comprensione della lettura	45'	50'	1h 10'	1h 20'
Analisi strutture comunicazione	1h	1h	1h 15'	1h 30'
Pausa	15'	15'	15'	15'
Produzione scritta	1h 10'	1h 10'	1h 30'	1h 30'
Durata totale delle prove	3h 40' ca.	3h 45' ca.	4h 40' ca.	5h 15' ca.

Prove Orali

Produzione orale	10' ca.	10' ca.	15' ca.	15' ca.

Istruzioni generali per gli esami CILS

IL GIORNO DEGLI ESAMI I CANDIDATI NON POSSONO CAMBIARE IL LIVELLO DI ESAME, NÉ SOSTENERE L'ESAME SE NON REGOLARMENTE ISCRITTI. I CANDIDATI CHE SVOLGONO L'ESAME IN UN LIVELLO DIVERSO DA QUELLO IN CUI RISULTANO ISCRITTI O CHE NON SI TROVANO NELL'ELENCO DEGLI ISCRITTI NON SARANNO VALUTATI.

Sede di esame

La sede di esame deve mettere a disposizione:
- aule con postazioni che consentano ai candidati di poter svolgere le prove scritte. I candidati devono essere disposti in aule diverse per ciascun livello
- un lettore cd o un computer in ogni aula per svolgere il test di ascolto. Prima dell'inizio delle prove è opportuno verificare il funzionamento delle apparecchiature
- un computer con masterizzatore o un registratore digitale mp3/mp4, cd per registrare le prove di produzione orale
- uno o più somministratori per livello per lo svolgimento delle prove scritte e orali.

Materiali d'esame

L'Università per Stranieri di Siena invia alla sede di esame i materiali necessari per lo svolgimento degli esami di Certificazione. I materiali sono contenuti in pacchi sigillati, suddivisi per livelli, e devono essere aperti il giorno degli esami alla presenza dei candidati.
Ogni pacco contiene:
- le istruzioni per la somministrazione
- i quaderni d'esame con al loro interno:

- il questionario informativo
- il foglio di identificazione
- il foglio delle risposte
- il foglio della Produzione scritta-prova n. 1
- il foglio della Produzione scritta-prova n. 2
- il foglio dell'Ascolto-prova n. 1-Dettato (per i livelli A2 Ragazzi, UNO-B1, DUE-B2)
- il foglio dell'Analisi delle strutture di comunicazione-prova n. 4 (per i livelli TRE-C1 e QUATTRO-C2)
■ un foglio personalizzato per ciascun candidato contenente le etichette adesive da apporre in <u>tutti</u> i fogli suddetti (nei fogli dove è indicato ed è previsto lo spazio, le etichette devono essere applicate su entrambi il lati del foglio)
■ un cd contenente l'audio per il test di Ascolto
■ le trascrizioni del test di Ascolto
■ i fogli per le firme delle prove scritte
■ i fogli per le firme delle prove orali
■ le buste in cui raccogliere il questionario e i diversi fogli (è prevista una busta identificata per ogni tipo di foglio)
■ gli input per il test di Produzione orale
■ il verbale di corretta esecuzione degli esami
■ una busta di salvataggio con una copia aggiuntiva dei materiali di esame per ogni livello
■ il foglio degli assenti alle prove scritte e alle prove orali.

Il materiale della busta di salvataggio può essere utilizzato in caso di necessità: per esempio, un cd non funzionante, un quaderno mancante di pagine, ecc... Anche se non utilizzato il giorno degli esami, il materiale contenuto nella busta di salvataggio deve essere trattenuto dalla sede di esame e potrà essere utilizzato per esercitare i futuri candidati alle prove CILS.

Istruzioni per lo svolgimento delle prove scritte 13

Per le prove scritte (Ascolto, Comprensione della lettura, Analisi delle strutture di comunicazione, Produzione scritta) i candidati devono disporsi nelle aule preparate per ciascun livello. I candidati devono essere distribuiti in modo che non copino. Nel caso in cui vengano riscontrate copiature o altre irregolarità gli esami verranno annullati. **I FOGLI INVIATI NON POSSONO ESSERE SOSTITUITI O FOTOCOPIATI.**

Prima di dare inizio alle prove il somministratore deve:
• aprire la busta contenente il materiale di esame
• controllare i documenti di identità dei candidati, scrivere o far scrivere il numero di un documento di riconoscimento di ciascun candidato (carta di identità, passaporto ecc.) nel foglio per le firme delle prove scritte
• far firmare i candidati nel foglio per le firme delle prove scritte
• distribuire a ciascun candidato un quaderno, al cui interno sono contenuti tutti i fogli
• distribuire a ciascun candidato il foglio delle etichette adesive
• attaccare un'etichetta di ciascun candidato assente sul foglio degli assenti alle prove scritte.

Il somministratore avverte i candidati che devono:
• **attaccare l'etichetta adesiva nel questionario informativo e nei fogli contenuti nel quaderno**
• firmare i fogli
• completare il questionario informativo
• scrivere le risposte nel foglio delle risposte, secondo le istruzioni riportate nel foglio stesso
• scrivere il testo del dettato nel foglio dell'Ascolto-prova n. 1-Dettato (per i livelli A2 ragazzi, UNO-B1, DUE-B2)
• scrivere le frasi della prova n. 4 del test di Analisi delle strutture della comunicazione nel foglio dell'Analisi delle strutture della comunicazione-prova n. 4 (per i livelli TRE-C1 e QUATTRO-C2)
• scrivere le prove di produzione scritta rispettivamente nel foglio della Produzione scritta-prova n. 1 e nel foglio della Produzione scritta-prova n. 2
• scrivere con una penna nera e non usare matite
• conservare il foglio di identificazione su cui hanno precedentemente apposto l'etichetta.

Il somministratore avverte i candidati che non possono:
• riascoltare la registrazione del test di Ascolto o mettere in pausa l'audio; nelle registrazioni sono presenti anche le istruzioni per lo svolgimento delle prove e lo spazio di tempo necessario al candidato per svolgere il compito
• usare dizionari o altri testi, nè supporti tecnologici di alcun tipo
• leggere i contenuti del quaderno prima dell'inizio delle prove
• rivedere o correggere prove relative all'abilità precedente a quella su cui stanno lavorando, né passare all'abilità successiva prima dell'orario previsto
• chiedere spiegazioni sui contenuti delle prove
• uscire dall'aula prima della pausa se non in caso di necessità.

Tabella riassuntiva dei fogli per livello

	A1, A2 ad. in Italia e A1 bambini	A1 e A2 ad. all'estero	A1 ragazzi e A2 bambini	A2 ragazzi	UNO-B1 e DUE-B2	TRE-C1 e QUATTRO-C2
Foglio delle risposte	*Ascolto* prove n.1, n.2, n.3 *Lettura* prove n.1, n.2, n.3	*Ascolto* prove n.1, n.2 *Lettura* prove n.1, n.2, n.3 *Analisi strutture* prove n.1, n.2, n.3	*Ascolto* prove n.1, n.2, n.3 *Lettura* prove n.1, n.2, n.3 *Analisi strutture* prove n.1, n.2, n.3	*Ascolto* prove n.2, n.3 *Lettura* prove n.1, n.2, n.3 *Analisi strutture* prove n.1, n.2, n.3	*Ascolto* prove n.2, n.3 *Lettura* prove n.1, n.2, n.3 *Analisi strutture* prove n.1, n.2, n.3, n.4	*Ascolto* prove n.1, n.2, n.3 *Lettura* prove n.1, n.2, n.3 *Analisi strutture* prove n.1, n.2, n.3
Foglio della prova di ascolto n.1 - Dettato				*Ascolto* prova n.1	*Ascolto* prova n.1	
Foglio dell'Analisi delle strutture di comunicazione - prova n.4						*Analisi strutture* prova n.4
Foglio della Produzione scritta prova n.1	*Produzione scritta* prova n.1	*Produzione scritta* prova n.1	*Produzione scritta* prova n.1	*Produzione scritta* prova n.1	*Produzione scritta* prova n.1	*Produzione scritta* prova n.1
Foglio della Produzione scritta prova n.2	*Produzione scritta* prova n.2	*Produzione scritta* prova n.2	*Produzione scritta* prova n.2	*Produzione scritta* prova n.2	*Produzione scritta* prova n.2	*Produzione scritta* prova n.2

14

Il somministratore deve:
- comunicare i tempi previsti per lo svolgimento di ciascun test
- invitare i candidati a passare al test successivo allo scadere del tempo stabilito per lo svolgimento di ogni test
- far fare la pausa di 15 minuti alla fine del test di Analisi delle strutture di comunicazione
- raccogliere i fogli delle prove svolte e inserirli nelle apposite buste
- sigillare e firmare le buste
- dare inizio al test di Produzione scritta al termine della pausa
- raccogliere, al termine del test, i fogli delle prove di Produzione scritta e inserirli nell'apposita busta
- sigillare e firmare la busta
- informare i candidati sull'orario del test di Produzione orale
- compilare il verbale di corretta esecuzione degli esami.

Istruzioni per lo svolgimento delle prove orali

Il test di Produzione orale si svolge individualmente. Comprende due prove. Le prove devono essere registrate con computer o con un registratore digitale mp3/mp4, su cd. **LE PROVE DEVONO ESSERE REGISTRATE SU CD DIVERSI PER OGNI LIVELLO.**

Il somministratore deve:
- verificare il funzionamento dell'apparecchiatura utilizzata
- far firmare il candidato nel foglio per le firme delle prove orali
- prima di dare inizio alla prova registrare nome, cognome e numero di matricola del candidato che verrà esaminato
- scrivere su ciascun cd: la sede e il livello, i nomi e il numero di matricola dei candidati esaminati
- attaccare un'etichetta di ciascun candidato assente sul foglio degli assenti alle prove scritte e orali.

Terminate le prove orali, la sede di esame invia il seguente materiale all'**Università per Stranieri di Siena, Piazza C. Rosselli, n. 27-28, 53100 Siena**:
- le buste contenenti i fogli delle risposte e i fogli dove i candidati hanno svolto gli esami
- i fogli per le firme delle prove scritte
- i fogli per le firme delle prove orali
- i cd contenenti le registrazioni delle prove orali
- il verbale di corretta esecuzione degli esami
- il foglio degli assenti alle prove scritte e alle prove orali
- l'indirizzo al quale inviare i risultati delle prove di esame.

Alla sede di esame rimangono i quaderni, i cd del test di Ascolto, gli input per il test di Produzione orale.

LIVELLO DUE - B2

Sessione GIUGNO 2006

Test di ascolto
Numero delle prove 3

Ascolto – Prova n. 1

Dettato. DEVI SCRIVERE IL TESTO NEL 'FOGLIO DELL'ASCOLTO - PROVA N. 1 - DETTATO'.

<u>16</u>

Ascolta il testo: è un'intervista radiofonica. Poi completa le frasi. Scegli una delle quattro proposte di completamento che ti diamo per ogni frase. Alla fine del test di ascolto, **DEVI SCRIVERE LE RISPOSTE NEL 'FOGLIO DELLE RISPOSTE'.**

1. **A Milano *Artigiano in fiera* è**
   A) un museo sulla storia dell'artigianato.
   B) un convegno sull'artigianato nel mondo.
   C) una mostra-mercato internazionale dell'artigianato.
   D) un centro commerciale con molti negozi di artigiani.

2. **Secondo Antonio Miglietta, la filosofia di *Artigiano in fiera* è quella di**
   A) far conoscere l'artigianato di diversi paesi.
   B) sviluppare nella gente comune una cultura dell'artigianato.
   C) contribuire allo sviluppo dell'artigianato e dell'economia italiana.
   D) sensibilizzare i visitatori sui rischi di un'economia globalizzata.

3. **Secondo Antonio Miglietta, la particolarità dell'artigianato consiste**
   A) nell'impiegare materiali semplici e naturali.
   B) nella dimensione umana e creativa del lavoro.
   C) nell'utilizzare tecniche di lavorazione tradizionali.
   D) nel riproporre oggetti del passato ormai dimenticati.

17

4. **Secondo Antonio Miglietta, in futuro l'artigianato**
   A) continuerà a svilupparsi solo in settori particolari.
   B) sopravviverà solo grazie all'istituzione di scuole di formazione.
   C) continuerà ad esistere sempre grazie all'unicità dei suoi prodotti.
   D) è destinato a finire a causa della supremazia delle multinazionali.

5. ***Artigiano in fiera* permette di avere un'immagine del lavoro artigianale a livello**
   A) italiano.
   B) europeo.
   C) regionale.
   D) internazionale.

6. **Secondo Antonio Miglietta, l'artigianato e il *made in Italy* riescono ad affermarsi nel mercato globale grazie**
   A) alla varietà dei prodotti.
   B) alla quantità dei prodotti.
   C) all'originalità dei prodotti.
   D) all'eccellenza dei prodotti.

7. **Secondo Antonio Miglietta, il successo dell'artigianato e del *made in Italy* deriva**
   A) dall'eredità storica e culturale dell'Italia.
   B) dalla politica di difesa dei prodotti italiani.
   C) dal successo nelle campagne di lancio dei prodotti.
   D) dalla forte presenza di italiani nel mondo.

Ascolto – Prova n. 3

Ascolta il testo: è una trasmissione radiofonica. Poi leggi le informazioni. Scegli le informazioni nel testo. Alla fine del test di ascolto, DEVI SCRIVERE LE RISPOSTE NEL 'FOGLIO DELLE RISPOSTE'.

1. L'ACI, l'Automobile Club Italia, ha recentemente organizzato una mostra sull'automobile e i cambiamenti che essa ha portato nello stile di vita delle persone.

2. L'occasione della mostra è il centenario della costruzione della prima automobile.

3. Giampietro Jacobelli è il presidente dell'ACI.

4. Il Museo dell'automobile di Torino ospita la mostra *Auto-Mobile*.

5. Negli ultimi tempi l'ACI ha cambiato la propria finalità e si rivolge a chi ama muoversi.

6. Ha inaugurato la mostra un grande spettacolo scenografico con musica, danze, luci e suoni.

7. Una sezione della mostra presenta modelli di automobili dalla fine dell'800 ad oggi.

8. La mostra propone ai visitatori un gioco interattivo.

9. L'impatto dell'automobile nello stile di vita è stato così forte che ha influenzato il design di oggetti come i mobili ed i giocattoli.

10. In Italia l'automobile ha permesso di diminuire le divisioni interne che la caratterizzavano.

11. Attraverso la mostra l'ACI propone ai visitatori una serie di regole per promuovere una guida responsabile.

12. L'ACI intende presentare al governo il codice di mobilità responsabile.

13. Secondo il codice di mobilità responsabile le automobili non possono più circolare dentro le città.

14. Per combattere l'inquinamento, l'ACI propone l'uso di carburanti ecologici.

15. Uno dei punti del progetto dell'ACI consiste nell'organizzazione di corsi sulla guida responsabile.

18

LIVELLO DUE - B2

Sessione GIUGNO 2006

Tempo a disposizione 50 minuti

Test di comprensione della lettura

Numero delle prove 3

Leggi il testo.

ALL'AVVENTURA O NEL VILLAGGIO MA ANCHE UN PO' IMPREPARATI

Attraverso i viaggi si impara. Non solo a conoscere il mondo, ma anche, e soprattutto, a conoscere se stessi. Ogni volta che si parte bisognerebbe però ricominciare da zero. Fare come se fosse la prima volta. Tornare un po' bambini. Le vere scoperte si fanno quando si lasciano a casa i consigli delle guide, ciò che si è visto nei documentari, le esperienze degli amici. Perché il viaggio è sinonimo di libertà e per essere davvero liberi bisogna portarsi dietro una valigia leggera: troppe aspettative rovinano la sorpresa. Così come troppa organizzazione rischia di farci tornare in quella gabbia di impegni e di orari che vorremmo lasciarci alle spalle.

Una volta la libertà del viaggio era un lusso per pochi, oggi si può andare ovunque con cifre ragionevoli. È una bella opportunità. Ma come tutte le opportunità è necessario saperle sfruttare bene. Ci vuole rispetto per i posti che si visitano, per la natura, per le tradizioni locali. Eppure diffidate sempre un po' di quei viaggiatori per i quali la vacanza deve essere per forza un incontro culturale.

Si può conoscere l'altro, o il nuovo, anche in modo leggero, con il proprio spirito critico, ma senza però darsi troppe arie da viaggiatore ottocentesco e soprattutto senza sentirsi in dovere di condividere ogni costume o usanza che si incontra. Meglio il turista intelligente, che studia e prepara il viaggio da casa ma che lascia spazio anche all'imprevisto. Così va bene anche il villaggio turistico che i viaggiatori incalliti guardano dall'alto in basso. I motivi sono semplici. Innanzitutto economici. Quelle strutture sono convenienti rispetto a ciò che ti offrono, per non parlare poi di coppie con bambini che nei *baby club* si divertono da pazzi. E ciò vuol dire un po' di libertà, e a volte anche un ritrovato amore per genitori esausti.

Ci sono però tanti modi di vivere il villaggio: c'è chi non esce mai, e questo è davvero un peccato; e c'è chi usa la struttura turistica come base per poi organizzarsi le escursioni all'esterno. È certamente un buon compromesso. A questo proposito, suggerisco di non fissarsi con le guide dei villaggi per la paura di incorrere in chissà quali pericoli. Spesso infatti i soldi dati alle guide locali sono i meglio spesi. È un modo intelligente per fare amicizia e per vedere e capire cose che altrimenti, nei circuiti tradizionali, spesso non sono prese in considerazione.

Mi piace considerare le mie esperienze in giro per il mondo l'università della mia vita. Non amo però quelli che cercano l'avventura a tutti i costi, né quelli che ti giudicano dal numero di Paesi che hai visitato. Non si fa collezione di viaggi come se fossero trofei. I viaggi sono una cosa intima, una preziosa risorsa che ognuno dovrebbe vivere e soprattutto custodire a modo suo.

Comprensione della lettura – Prova n. 1

Completa le frasi. Scegli una delle quattro proposte di completamento che ti diamo per ogni frase.
DEVI SCRIVERE LE RISPOSTE NEL 'FOGLIO DELLE RISPOSTE'.

1. **Secondo l'autore dell'articolo, un viaggio deve servire soprattutto a**
   A) conoscere i propri limiti e le proprie possibilità.
   B) imparare ad adeguarsi ad usi e costumi di altre culture.
   C) rilassarsi dagli impegni della vita quotidiana.
   D) ammirare le bellezze naturali del pianeta.

2. **Nel progettare un viaggio, l'autore consiglia di**
   A) non aspettarsi divertimenti ad ogni costo.
   B) portare in valigia il minimo indispensabile.
   C) non eccedere nell'organizzazione.
   D) tenere conto dell'esperienza di altri viaggiatori.

3. **Per l'autore, nell'incontro con culture diverse è importante**
   A) imparare il più possibile dalle diversità dei costumi.
   B) concedersi il tempo necessario per conoscere usanze diverse.
   C) cercare di attribuire un valore positivo alle tradizioni locali.
   D) conservare comunque la capacità di fare valutazioni.

4. **Per l'autore, una vacanza in un villaggio turistico è adatta soprattutto per**
   A) persone che amano le comodità.
   B) genitori che viaggiano con figli piccoli.
   C) ragazzi che vogliono divertirsi.
   D) turisti che cercano di risparmiare.

5. **Il soggiorno in un villaggio turistico, per l'autore, dovrebbe costituire**
   A) un punto di partenza per spostamenti nella zona.
   B) un modo per fare una vacanza sicura e tranquilla.
   C) un'opportunità per usufruire di strutture confortevoli.
   D) un'occasione per fare nuove amicizie.

6. **L'autore suggerisce di scegliere delle guide turistiche**
   A) che vivono nel posto.
   B) che lavorano nei villaggi turistici.
   C) che hanno un'autorizzazione ufficiale.
   D) che siano abbastanza economiche.

7. **L'autore considera il viaggiare**
   A) una continua ricerca di avventura.
   B) un modo originale di vivere.
   C) una fonte inesauribile di conoscenza.
   D) una sfida con se stessi.

21

Leggi il testo.

INTERNET LIBRERIA ITALIA

ILI.IT è il maggiore negozio italiano di libri, dischi, video e dvd su internet. *Internet Libreria* offre il più ampio assortimento oggi disponibile in Italia di prodotti librari e cinematografici con i suoi 310.000 libri italiani, 59.000 cd, oltre 18.000 film in formato dvd. Inoltre *Internet Libreria* ti offre anche un vasto catalogo di 800.000 libri e audiolibri in lingua inglese. *Internet Libreria* è la più grande libreria on-line italiana ed è il principale punto di riferimento per chiunque nel mondo voglia acquistare libri e film in lingua italiana: infatti sono oltre 120 le nazioni dalle quali ci pervengono ordini.

Internet Libreria fornisce un servizio affidabile ed efficiente. Mette a tua disposizione un sito ricchissimo di informazioni; accetta qualsiasi consiglio o proposta tu possa dare. È possibile anche inserire on-line le tue recensioni, cui altri potranno rispondere, e fare discussioni e dibattiti.

Uno dei modi più facili per navigare nel nostro sito, è la funzione *Ricerca*. Per i libri puoi scegliere di effettuare la ricerca per autore, titolo, editore o argomento; per i dvd la ricerca per attore o regista. È sufficiente scrivere alcuni termini che consentano l'identificazione del prodotto.

Se, al termine della ricerca, selezioni uno dei titoli trovati, ottieni le informazioni specifiche connesse a quel titolo comprendenti il prezzo, la disponibilità e ulteriori dettagli. Ogni scheda del prodotto contiene l'opzione *Metti nel carrello*. Se decidi di ordinare il prodotto, selezioni questa opzione per aggiungere il prodotto al carrello degli acquisti. Puoi inserire nel carrello degli acquisti tutti i prodotti che desideri, sia libri, sia videocassette, sia dvd. Una volta trovato tutto quello che cercavi, come in un qualsiasi negozio del mondo reale vai alla cassa a far registrare i tuoi acquisti e a regolare il conto, alla pagina *Registrazione dell'ordine*. Se sei un nuovo cliente, seleziona in questa pagina l'opzione *Apri un nuovo conto*. Stampa la domanda di adesione che apparirà sullo schermo: devi indicare i tuoi dati per la consegna dei prodotti che hai ordinato e la modalità di pagamento (carta di credito o contrassegno), infine devi inviare la domanda via fax al numero +39 02 7725478. Appena riceviamo il fax, ti apriamo un conto e riceverai una password con cui potrai effettuare i tuoi ordini via internet. Una volta che hai aperto il tuo conto presso *Internet Libreria Italia*, è sufficiente che tu inserisca il tuo indirizzo e-mail e la password per effettuare nuovi ordini. Al termine della procedura di invio di ogni ordine, dovrai stampare la pagina di conferma in cui troverai il numero d'ordine che ti è stato assegnato e inviarla tramite fax al numero +39 02 7725478 con la tua firma. Non considereremo attivo l'ordine finché non avremo ricevuto il fax di conferma.

22

Comprensione della lettura – Prova n. 2

Leggi le informazioni. Scegli le informazioni presenti nel testo. DEVI SCRIVERE LE RISPOSTE NEL 'FOGLIO DELLE RISPOSTE'.

1. *Internet Libreria* è un sito internet dove è possibile comprare libri, cd, videocassette e dvd.

2. Nel catalogo di *Internet Libreria* si possono trovare libri, cd o film solo in lingua italiana.

3. Il sito riceve molti ordini dall'estero da parte di clienti che sono interessati a film e libri in lingua italiana.

4. *Internet Libreria* offre la possibilità agli utenti di inserire sul sito le loro recensioni di libri o film.

5. Se un utente fa una ricerca per titolo di un libro o di un film sul sito ILI.it deve scrivere tutte le parole del titolo.

6. Ogni prodotto presente sul catalogo di ILI.it ha una scheda che fornisce informazioni e specifica il prezzo del prodotto.

7. Per sapere se un libro o un film è disponibile, l'utente deve inviare un'e-mail di richiesta.

8. Per fare un ordine basta selezionare il titolo del prodotto che interessa.

9. Per acquistare libri, cd, videocassette e dvd è necessario fare ordini separati.

10. Al termine della ricerca e della selezione dei prodotti che vuole ordinare, l'utente deve fare la *Registrazione dell'ordine*.

11. Gli utenti che acquistano per la prima volta su *Internet Libreria* devono fare l'operazione di *Apertura di un nuovo conto*.

12. Per aprire un nuovo conto presso *Internet Libreria* il nuovo utente deve inviare per fax la scheda di adesione compilata in tutte le sue parti.

13. Nella scheda di adesione l'utente deve indicare la password che ha scelto per fare gli ordini su *Internet Libreria*.

14. Come conferma dell'ordine gli utenti ricevono al loro indirizzo e-mail un messaggio con il numero d'ordine che *Internet Libreria* ha assegnato loro.

15. L'ordine è attivo appena *Internet Libreria* riceve la conferma che l'utente ha fatto il pagamento dei prodotti.

23

Comprensione della lettura – Prova n. 3

Leggi il testo. Il testo è diviso in 11 parti. Le parti non sono in ordine. Ricostruisci il testo. Scrivi il numero d'ordine accanto a ciascuna parte. DEVI SCRIVERE LE RISPOSTE NEL 'FOGLIO DELLE RISPOSTE'.

UN UOMO STRANO

1 **A.** Il treno era in ritardo e ad aspettarlo al binario 7 c'erano due passeggeri: una donna e un uomo. Avevano pochi bagagli.

☐ **B.** Invece l'uomo che aspettava accanto a lei non passava inosservato. Indossava un abito scuro elegante, forse eccessivo per un viaggio in treno e per di più aveva un bell'aspetto.

☐ **C.** Lui le rispose che aveva smarrito le sue valige in aereo e sperava di ritrovarle presto perché era un bel pasticcio. Poi si volse verso il finestrino e guardò il paesaggio.

☐ **D.** Mentre faceva finta di leggere, la donna osservò l'uomo seduto vicino a lei e commentò tra sé, in silenzio: troppo giovane, troppo bello e troppo ben vestito, tutto troppo!

☐ **E.** La donna aveva un'età indecifrabile, indossava dei jeans larghi ed un lungo maglione che impediva di capire se era robusta o semplicemente troppo vestita.

☐ **F.** Mentre la donna leggeva, anche l'uomo entrò nello scompartimento. Non aveva valigia. Chiese se il posto era libero, si mise a sedere e poi cominciò a guardare fuori dal finestrino.

☐ **G.** Quando arrivò il treno, entrambi i passeggeri salirono. L'uomo rimase nel corridoio, mentre la donna entrò in uno scompartimento e sistemò la sua valigia.

☐ **H.** L'uomo non smetteva di guardare fuori, e così la donna finì per addormentarsi. Quando si svegliò, dell'uomo misterioso non c'era più nessuna traccia. Il treno continuò la sua corsa.

☐ **I.** Alla fine la sua curiosità vinse la timidezza e chiese all'uomo come mai non avesse il bagaglio.

☐ **J.** Dopo aver sistemato la valigia, la donna si immerse subito nella lettura di un libro e con una matita sottolineava parti che riteneva importanti.

☐ **K.** Dopo un po' di tempo la donna chiuse il libro e si chiese che lavoro potesse fare un tipo così. Concluse che non era un uomo d'affari, forse poteva essere un musicista, un attore.

LIVELLO DUE - B2

Sessione GIUGNO 2006

Tempo a disposizione 1 ora

Test di analisi delle strutture di comunicazione

Numero delle prove 4

cils

Analisi delle strutture di comunicazione – Prova n. 1

Completa il testo con gli aggettivi e i pronomi. DEVI SCRIVERE LE RISPOSTE NEL 'FOGLIO DELLE RISPOSTE'.

UN INCONTRO

Sono uno studente universitario di ventitré anni; _____*mi*_____ chiamo Giacomo. La scorsa settimana,
(0)

sull'autobus, ho conosciuto una ragazza, Antonella, che ha solo diciotto anni anche se _____
(1)

dimostra molti di più, tanto che all'inizio pensavo che fosse una studentessa universitaria come

_____. Mentre parlavo con _____ ho scoperto che conosce molto bene un
(2)   (3)

_____ amico. Durante la settimana _____ siamo scambiati messaggi e sentiti per
(4)   (5)

telefono e abbiamo deciso di uscire una sera insieme. _____, però, ha voluto invitare anche il
(6)

_____ comune amico con la _____ fidanzata perché non voleva uscire da sola con
(7)   (8)

_____. Da parte _____ non c'era sicuramente nessuna intenzione particolare,
(9)   (10)

_____ avevo proposto di incontrar _____ una sera solo per approfondire la
(11)   (12)

_____ amicizia, non certo per chieder _____ di diventare la _____
(13)   (14)   (15)

fidanzata. Comunque la cosa, per Antonella, doveva rappresentare una preoccupazione. Ho scoperto infatti

che _____ aveva parlato anche con una _____ amica, sempre sull'autobus, senza
(16)   (17)

sapere che anche io _____ conoscevo. Quando _____ siamo incontrati una
(18)   (19)

mattina, questa ragazza _____ ha subito chiesto quale rapporto avessi con Antonella. Sono
(20)

rimasto molto sorpreso da tutta questa preoccupazione, forse dipenderà dalla differenza di età; fino ad ora

i _____ amici hanno sempre sostenuto che sono un tipo maturo, non tanto bello, non certo uno
(21)

che va a caccia di ragazze! Comunque alla fine di tutta questa serie di consultazioni sono riuscito ad avere

l'appuntamento tanto sospirato. _____ e Antonella siamo usciti insieme ai _____
(22)   (23)

amici. Siamo stati veramente bene, tanto che _____ hanno proposto di uscire insieme il
(24)

prossimo fine settimana.

Analisi delle strutture di comunicazione – Prova n. 2

Completa il testo con le forme giuste dei verbi che sono tra parentesi. DEVI SCRIVERE LE RISPOSTE NEL 'FOGLIO DELLE RISPOSTE'.

L'APPUNTAMENTO

(Arrivare) _Sono arrivata_ (0) ieri notte a casa dei miei e non li (vedere) _____ (1) ancora:

(dormire) _____ (2) profondamente e io (fare) _____ (3) piano piano, non (lavarsi)

_____ (4) neanche i denti e (mettersi) _____ (5) a letto … distrutta!

La mattina (impiegare) _____ (6) un po' a capire che (dormire) _____ (7) nel mio

adorato letto. Non (sentire) _____ (8) neanche mia madre che (uscire) _____ (9) di casa!

In cucina sul tavolo (trovare) _____ (10) un biglietto della mamma scritto con una matita gialla che

diceva "Buongiorno! (vedersi) _____ (11) alle cinque al solito posto. Puntuale ti prego!". Nell'aria

(esserci) _____ (12) ancora odore di caffè quindi dovevano essere usciti da poco. Mio padre forse

(andare) _____ (13) fuori con Billy, il nostro cane, e … mia sorella? Dov'era mia sorella? (precipitarsi)

_____ (14) in camera sua e non sembrava affatto che (essere) _____ (15) in casa! Sono

corsa a telefonarle. Mi ha detto che (rimanere) _____ (16) a Bologna per una festa di laurea, ma mi

ha assicurato che (prendere) _____ (17) il treno entro l'una e anche lei mi (ricordare)

_____ (18) dell'appuntamento con la mamma alle cinque. Ma che cosa (architettare)

_____ (19)? Ero così curiosa che (volere) _____ (20) essere già alle cinque del pomeriggio.

27

Analisi delle strutture di comunicazione – Prova n. 3

Completa il testo. Scegli una delle proposte di completamento che ti diamo. DEVI SCRIVERE LE RISPOSTE NEL 'FOGLIO DELLE RISPOSTE'.

ECCO IL DOTTORE IN INQUINAMENTO

Specializzazioni, master, perfezionamenti: le università italiane _____puntano_____ (0) sull'ambiente e sulla

formazione di _____ (1) professionali capaci di sperimentare nuovi _____ (2) di difesa,

gestione e valorizzazione del territorio.

Alle _____ (3) degli atenei, gli studenti rispondono con molte iscrizioni.

Non solo: in certi casi sono gli stessi studenti a _____ (4) l'attivazione di nuovi corsi; perché

specializzarsi significa avere una _____ (5) in più nel mondo del lavoro.

Questo almeno è quello che hanno pensato molti dei ragazzi iscritti al corso di laurea triennale in Tecniche

del Controllo Ambientale e della Protezione Civile dell'Università Politecnica delle Marche: da loro, infatti, è

partita la _____ (6) di istituire un biennio di laurea specialistica in "Sostenibilità Ambientale e

Protezione Civile" come _____ (7) del percorso didattico formativo.

"Gli studenti ritengono di avere uno _____ (8) professionale più _____ (9) con la

specializzazione - sostiene il preside della facoltà di Scienze, Ettore Olmo - ma anche nelle _____ (10)

e nelle strutture che operano nel _____ (11) ambientale si registra l'esigenza di una formazione

adeguata".

Così il nuovo corso magistrale in programma per il _____ (12) anno accademico, si propone di

_____ (13) i laureati specialisti ad un'_____ (14) di tipo manageriale.

Il biennio è _____ (15) in due percorsi: sostenibilità ambientale e, per la prima volta in Italia,

prevenzione e protezione specifica.

Analisi delle strutture di comunicazione – Prova n. 3

0.	A) puntano	B) colpiscono	C) discutono	D) centrano
1.	A) immagini	B) aspetti	C) figure	D) forme
2.	A) punti	B) metodi	C) principi	D) processi
3.	A) indicazioni	B) presentazioni	C) esigenze	D) proposte
4.	A) chiedere	B) pretendere	C) ordinare	D) reclamare
5.	A) condizione	B) potenza	C) possibilità	D) caratteristica
6.	A) volontà	B) protesta	C) denuncia	D) richiesta
7.	A) aggiunta	B) completamento	C) aumento	D) crescita
8.	A) scalo	B) sbocco	C) sfogo	D) sbarco
9.	A) necessario	B) particolare	C) adatto	D) preciso
10.	A) direzioni	B) azioni	C) aziende	D) operazioni
11.	A) piano	B) reparto	C) circolo	D) settore
12.	A) precedente	B) primo	C) prossimo	D) vicino
13.	A) educare	B) preparare	C) sistemare	D) addestrare
14.	A) attività	B) abilità	C) arte	D) attitudine
15.	A) separato	B) tagliato	C) ridotto	D) diviso

Analisi delle strutture di comunicazione – Prova n. 4

Scegli per ogni espressione una delle quattro situazioni di comunicazione che ti diamo. DEVI SCRIVERE LE RISPOSTE NEL 'FOGLIO DELLE RISPOSTE'.

1. **Domani, a causa di uno sciopero del personale docente, non saremo in grado di garantire il normale svolgimento delle lezioni. Firmato il Dirigente Scolastico.**
   A) È una comunicazione per informare gli studenti che hanno fatto sciopero che non potranno rientrare a scuola.
   B) È una comunicazione di una variazione di orario scolastico per l'assenza di un insegnante.
   C) È un avviso relativo ad una possibile interruzione delle lezioni per sciopero degli insegnanti.
   D) È un avviso di convocazione degli insegnanti per organizzare l'orario scolastico.

2. **Cari lettori, questo mese vi presentiamo un numero monografico sulla storia e le tradizioni popolari siciliane.**
   A) È l'introduzione di un libro di storia della Sicilia.
   B) È la presentazione di un convegno di studi sulla Sicilia.
   C) È l'inizio di una serie di lezioni universitarie alla facoltà di Storia.
   D) È l'inizio dell'articolo del direttore di una rivista mensile di storia.

3. **Per la festa di compleanno del mio capoufficio devo assolutamente fare bella figura, mi daresti un'idea?**
   A) In un negozio chiedi ad un commesso un'idea per un regalo di compleanno.
   B) Chiedi consiglio ad un amico su un regalo che vuoi fare ad un tuo superiore.
   C) In ufficio chiedi aiuto ad un tuo collega per svolgere bene un lavoro.
   D) Domandi al tuo capoufficio quante persone parteciperanno alla sua festa di compleanno.

4. **Guardi, è molto semplice: basta digitare il tasto verde di avvio e attendere il bip. Il fax partirà dopo pochi secondi.**
   A) Sono le istruzioni per l'uso scritte nel manuale del fax.
   B) In ufficio un tecnico spiega come inviare un fax.
   C) Un tuo collega ti mostra come fare per ricevere un fax in ufficio.
   D) In un negozio il commesso ti informa sui prezzi di vari modelli di fax.

5. **Egregio Professore, La ringrazio per le preziose indicazioni bibliografiche: mi sono state veramente utili per il lavoro di tesi. La saluto cordialmente.**
   A) È un messaggio di posta elettronica che invii al tuo professore per ringraziarlo.
   B) È una telefonata con cui ringrazi il tuo professore per le informazioni che ti ha dato.
   C) È l'inizio di un colloquio con il tuo professore sul tuo lavoro di tesi.
   D) È una lettera che scrivi al tuo professore a proposito della tua tesi.

6. **Per il prestito, consulti prima il catalogo on-line e poi mi riporti questa scheda compilata.**
   A) In una biblioteca ti rivolgi ad un impiegato per restituire un libro che hai preso in prestito.
   B) In libreria il commesso consulta il catalogo per ordinare un libro che vuoi comprare.
   C) All'università chiedi ad un tuo collega di corso se ti può prestare un libro.
   D) In biblioteca un impiegato ti spiega la procedura per prendere in prestito un libro.

7. **È in contravvenzione, mi dispiace, ha parcheggiato in una zona a traffico limitato e lei non ha il permesso.**
   A) È la dichiarazione scritta sulla contravvenzione che trovi sulla tua auto perché hai parcheggiato in divieto di sosta.
   B) Un signore ti accusa di aver parcheggiato l'auto in un posto riservato senza averne il diritto.
   C) Un vigile ti avverte che ti ha fatto una multa perché hai lasciato l'auto in una zona dove serve il permesso.
   D) È un biglietto che il tuo vicino di casa ha lasciato sulla tua auto perché gli impedisce l'accesso al garage.

Analisi delle strutture di comunicazione – Prova n. 4

8. **Vendesi bicicletta quasi nuova completa di cestino portaoggetti e catena antifurto. Prezzo trattabile. Telefonare ore pasti allo 03-43777777.**

   A) È una telefonata per segnalare lo smarrimento di una bicicletta.

   B) È un messaggio che ti manda un amico che vuole vendere la sua bicicletta.

   C) È un annuncio per la vendita di una bicicletta.

   D) È la pubblicità di un negozio che vende biciclette.

9. **Ciao Maria, sono Silvia, sento che non sei a casa. Ti ho chiamato per dirti che domani sera non posso andare a teatro allo spettacolo in abbonamento. Se sei libera e vuoi andare tu al mio posto, vengo a portarti l'abbonamento. Richiamami prima possibile. Ciao.**

   A) È un messaggio che Silvia ha lasciato nella segreteria telefonica di una sua amica.

   B) È un biglietto d'invito che Silvia ha scritto ad una sua amica.

   C) È un messaggio che Silvia ha lasciato nella segreteria telefonica della biglietteria di un teatro.

   D) È un messaggio di posta elettronica che Silvia ha scritto all'insegnante del corso di teatro.

10. *Telephone:* **abbiamo eseguito la ricarica di 20 euro. Se vuoi conoscere il tuo traffico disponibile, chiama i numeri gratuiti 440 o 444.**

    A) È il messaggio che la società telefonica invia al tuo cellulare per confermare l'effettuazione di una ricarica.

    B) È il messaggio che è inciso nella segreteria della società telefonica con cui hai il contratto per il cellulare.

    C) È il messaggio di tua madre che ti avverte che ti ha ricaricato il cellulare.

    D) È il messaggio pubblicitario della società telefonica che mette a disposizione degli utenti dei numeri di servizio.

31

LIVELLO DUE - B2

Sessione GIUGNO 2006

Tempo a disposizione 1 ora e 10 minuti

Test di produzione scritta

Numero delle prove 2

Produzione scritta – Prova n. 1

Racconta un libro che hai letto o un film che hai visto. Spiega perché ti è piaciuto. Devi scrivere da 120 a 140 parole. DEVI SCRIVERE IL TESTO NEL 'FOGLIO DELLA PRODUZIONE SCRITTA - PROVA N. 1'.

<u>34</u>

Produzione scritta – Prova n. 2

Hai letto sul giornale un annuncio che offre la possibilità di uno scambio di case per il periodo estivo. Rispondi all'annuncio: chiedi informazioni sul tipo di casa e la zona in cui si trova; offri in cambio il tuo appartamento e descrivi la zona in cui si trova. Devi scrivere da 80 a 100 parole. DEVI SCRIVERE IL TESTO NEL 'FOGLIO DELLA PRODUZIONE SCRITTA - PROVA N. 2'.

LIVELLO DUE - B2

Test di Produzione orale

Il test di produzione orale comprende due prove ed è individuale.

Le prove orali devono essere interamente registrate su CD. Alla fine degli esami le registrazioni verranno inviate in originale all'Università per Stranieri di Siena per la valutazione.

Le prove dei singoli candidati verranno registrate in successione sullo stesso CD. L'esaminatore dovrà:

- verificare il funzionamento delle apparecchiature con una breve registrazione di prova;
- far firmare il candidato nel foglio delle prove orali;
- registrare sul CD, prima dell'inizio delle prove, il nome, il cognome e il numero di matricola del candidato;
- verificare, prima di congedare il candidato, che le prove siano state registrate;
- scrivere sulla copertina dei CD la sede e il livello, e i nomi dei candidati nell'ordine registrazione;
- nominare i file audio con il numero di matricola del candidato.

Si avverte che le prove dei candidati non correttamente identificati non potranno essere valutate.

Obiettivo del test è ottenere del materiale per verificare la capacità di parlato in lingua italiana. Pertanto è opportuno che l'argomento che serve da input non costituisca un ostacolo alla produzione.

Prova n. 1

La prova ha le caratteristiche di una conversazione faccia a faccia. Il candidato dovrà fare un dialogo con l'esaminatore su uno dei seguenti argomenti:

- **se potesse fare un viaggio dove vorrebbe andare e perché;**
- **com'è la sua casa ideale;**
- **quali sono i suoi progetti per il futuro;**
- **quali aspetti apprezza e quali aspetti detesta nel suo carattere.**

L'esaminatore farà scegliere al candidato uno degli argomenti. Successivamente darà l'avvio alla conversazione rivolgendo al candidato una prima domanda relativa all'argomento scelto e continuerà a sollecitare la conversazione rivolgendo altre domande sulla base delle risposte date dal candidato.

Durata della conversazione: *3-4 minuti circa.*

Prova n. 2

La prova ha le caratteristiche di un parlato faccia a faccia monodirezionale. L'esaminatore inviterà il candidato a parlare da solo su uno dei seguenti temi:

- **un film visto o un libro letto;**
- **il procedimento per realizzare un piatto tipico del suo paese;**
- **la situazione dell'immagine n. 1;**
- **la situazione dell'immagine n. 2.**

Il candidato dovrà organizzare la propria esposizione senza l'aiuto dell'esaminatore, che potrà eventualmente intervenire per aiutare il candidato che abbia difficoltà a parlare.

Durata dell'esposizione: *2 minuti circa.*

38

LIVELLO DUE - B2

Sessione GIUGNO 2006

Certificazione
di Italiano come Lingua Straniera

Trascrizioni delle prove di Ascolto

Trascrizioni delle prove di Ascolto - livello DUE - B2

Ascolto. Prova numero uno

Apri il quaderno alla pagina della prova di ascolto numero uno.
Ascolta il testo. Dopo l'ascolto ti dettiamo il testo.
(Il testo viene letto per la prima volta)

I colori del benessere
La natura è vita e freschezza. Frutta e verdura sono il gusto della nostra tradizione. I dottori consigliano il consumo di almeno 5 porzioni al giorno di frutta e verdura e scegliere prodotti di cinque colori diversi: rosso come i pomodori, giallo come le pesche, verde come le insalate, viola come i frutti di bosco e il bianco come il cavolo. Questi alimenti grazie al loro contenuto di acqua, zuccheri, vitamine, sali minerali e fibra ci proteggono dalle malattie. Con questi cinque colori manteniamo il nostro benessere.

Ascolta e scrivi. Ti dettiamo anche la punteggiatura: virgola, punto, punto e virgola, due punti, punto interrogativo, punto esclamativo.
(Il testo viene dettato)
Leggi e controlla quello che hai scritto. Hai due minuti di tempo.
(Il nastro scorre in silenzio per due minuti)
Ascolta di nuovo il testo e controlla quello che hai scritto.
(Il testo viene letto di nuovo. Dopo un breve stacco musicale inizia la prova numero due)

Ascolto. Prova numero due

Apri il quaderno alla pagina della prova di ascolto numero due.
Ascolta il testo. Sentirai il testo due volte.
(Il testo viene letto per la prima volta)

Artigiano in fiera è il titolo di una mostra mercato internazionale che si è aperta a Milano in questo fine settimana. La mostra è arrivata alla decima edizione. Abbiamo in collegamento Antonio Miglietta, presidente di *Artigiano in fiera*.
- **Buona sera.**
- Benvenuti, benvenuti.
- **Dunque presidente vuole intanto introdurci in questo percorso che è molto complesso e vistoso.**
- Sì è una mostra, ma è anche mercato e ha uno spazio di esposizione notevole; quest'anno sono presenti 2400 espositori di 97 paesi diversi.
- **Qual è la filosofia di *Artigiano in fiera*?**
- Sì, la filosofia è molto semplice, vogliamo sviluppare, dare impulso a questo settore, che ha una sua importanza nell'economia italiana. L'artigianato è una cosa semplice che ha al centro l'uomo e la sua capacità di creare. La gente è venuta qui in fiera, ha incontrato gli artigiani, ha riscoperto questo grande evento.
- **Quali sono le reazioni dei visitatori?**
- I visitatori sono entusiasti, sono sorpresi, sono felici proprio perché finalmente si ridà quella dimensione umana al lavoro che spesso abbiamo dimenticato e che avevamo perso nella storia di questi anni.
- **Spesso le piccole imprese hanno ricevuto attacchi per le loro dimensioni troppo piccole. Però a questo punto questa fiera riapre questo discorso.**
- Dove è scritto che per diventare imprenditori bisogna essere delle grandi imprese, delle multinazionali, e dove è scritto che per produrre qualcosa di unico, di bello bisogna farlo in serie? Ecco questa è la risposta dell'artigianato.
- **Quale sarebbe secondo lei il futuro della produzione artigianale nei suoi diversi settori?**
- L'artigianato non finirà mai. Ci sarà sempre il bisogno delle persone di rintracciare il rapporto tra l'opera e chi la costruisce. Questa è l'unicità di un'opera, è un rapporto che nessuna multinazionale può sostituire. Questa fiera è la dimostrazione di questo, è diventata una piazza che permette di lavorare da una parte all'altra del mondo e che mostra tutti gli uomini del mondo che lavorano.
- **Quale fetta di artigianato fa parte del *made in Italy*?**
- Ma guardi devo dire che noi andiamo dall'abbigliamento all'arredamento, sino alle scarpe o alla pelletteria, tutto ciò che è di qualità, di eccellenza, ecco. La linea di demarcazione secondo me è l'eccellenza, se noi vinciamo nel mercato globale vinciamo sull'eccellenza e non sulla quantità.
- **Secondo lei da dove viene fuori l'eccellenza?**
  E da questo punto di vista l'eccellenza ha a che fare con la cultura e la tradizione, l'eccellenza non si inventa, è l'espressione di una storia e l'Italia ha alle spalle una storia e una cultura di oltre duemila anni. Penso che sia veramente il prodotto d'eccellenza che poi ci fa tenere ancora le nostre posizioni nel mondo, che non solo dobbiamo difendere ma veramente rilanciare con grande successo.

Adesso hai un minuto di tempo per leggere la prova.
(Il nastro scorre in silenzio per un minuto)
Ascolta di nuovo il testo ed esegui la prova. Dopo l'ascolto hai due minuti di tempo per controllare le tue risposte.
(Il testo viene letto di nuovo. Poi il nastro scorre in silenzio per due minuti. Dopo un breve stacco musicale inizia la prova numero tre)

Ascolto. Prova numero tre

Apri il quaderno alla pagina della prova di ascolto numero tre.
Ascolta il testo. Sentirai il testo due volte.
(Il testo viene letto per la prima volta)

- Il treno e il telegrafo nell'Ottocento, il telefono e l'automobile nel Novecento: queste sono le invenzioni che hanno reso via via il mondo sempre più piccolo e hanno rivoluzionato gli stili di vita. Ed è proprio all'automobile che l'ACI, l'Automobile Club Italia, ha dedicato a Torino un'importante mostra che resterà aperta per qualche mese. In studio abbiamo Giampietro Iacobelli, curatore della mostra.
- L'Automobile Club Italia, compie quest'anno 100 anni. Il club è nato qualche anno dopo l'automobile, e ha sempre seguito l'uso di questo straordinario strumento tecnologico che ha rivoluzionato effettivamente la nostra vita. Questa mostra cerca proprio di interpretare i cambiamenti che ha portato l'automobile. Il titolo della mostra è *Automobile* perché il suo oggetto non è precisamente l'automobile, d'altra parte sarebbe un doppione dato che la mostra si svolge nel museo dell'automobile di Torino. L'ACI ha deciso infatti di cambiare la propria finalità, di non essere più soltanto un supporto per chi va in automobile, ma generalmente il supporto per chi desidera muoversi. *Auto-mobile* è una grande mostra, su una superficie di duemila metri quadrati, una mostra molto scenografica, multimediale con luci, suoni, un gioco interattivo. È una mostra strana perché invece di mostrare automobili, mostra tanti oggetti: quelli che hanno attraversato la nostra vita quotidiana. L'automobile è entrata nella nostra vita quotidiana, nel design dei mobili e delle cose con cui i nostri bambini giocano. L'automobile è nata alla fine dell'800, si è affermata molto velocemente soprattutto in ambito sportivo e poi è diventato uno strumento di uso comune, che ha veramente cambiato la vita. Infatti, mentre prima si viveva in uno spazio ristretto, la città, il paese e così via, poi abbiamo conquistato la campagna, abbiamo conquistato la vacanza, il tempo libero, il viaggio. L'automobile è diventato uno strumento di massa tra le due guerre mondiali. Dopo, con il boom economico degli anni '50-'60 siamo tutti andati in automobile: in quel momento l'automobile è diventata un mito, il mito della velocità. L'automobile è diventato il mezzo di trasporto per eccellenza in Italia e in tutto il mondo sviluppato. In Italia, in un paese che prima era molto diviso, l'automobile è servita ad unire e quindi è diventata un bene particolarmente prezioso, ma adesso crea dei problemi. Ecco, in questa mostra, l'ACI vuole proporre un codice della mobilità responsabile che aiuti tutti noi a vivere in un mondo migliore, un mondo meno inquinato. I punti centrali di questo progetto sono sostanzialmente una guida responsabile, un modo di guidare responsabile verso gli altri e verso il mondo circostante, e poi un'organizzazione migliore del trasporto pubblico.

41

Adesso hai un minuto di tempo per leggere la prova.
(Il nastro scorre in silenzio per un minuto)
Ascolta di nuovo il testo ed esegui la prova. Dopo l'ascolto hai due minuti di tempo per controllare le tue risposte.
(Il testo viene letto di nuovo, poi il nastro scorre in silenzio per due minuti. Un breve stacco musicale segnala la fine del tempo consentito per eseguire la prova)

Adesso scrivi le risposte delle prove numero due e numero tre nel foglio delle riposte. Hai tre minuti di tempo.
(Il nastro scorre in silenzio per tre minuti. Un breve stacco musicale segnala la fine del test di ascolto)

LIVELLO DUE - B2

Sessione GIUGNO 2006

Certificazione
di Italiano come Lingua Straniera

Chiavi di soluzione
delle prove

Chiavi di soluzione delle prove - livello DUE - B2

TEST DI ASCOLTO

Prova n. 1

I colori del benessere

La natura è vita e freschezza. Frutta e verdura sono il gusto della nostra tradizione. I dottori consigliano il consumo di almeno 5 porzioni al giorno di frutta e verdura e scegliere prodotti di cinque colori diversi: rosso come i pomodori, giallo come le pesche, verde come le insalate, viola come i frutti di bosco e il bianco come il cavolo. Questi alimenti grazie al loro contenuto di acqua, zuccheri, vitamine, sali minerali e fibra ci proteggono dalle malattie. Con questi cinque colori manteniamo il nostro benessere.

Prova n. 2	Prova n. 3
1. C	1
2. C	4
3. B	5
4. C	8
5. D	9
6. D	10
7. A	11

TEST DI COMPRENSIONE DELLA LETTURA

Prova n. 1	Prova n. 2	Prova n. 3	
1. A	1	1	A
2. C	3	3	B
3. D	4	10	C
4. B	6	7	D
5. A	10	2	E
6. A	11	6	F
7. C	12	4	G
		11	H
		9	I
		5	J
		8	K

TEST DI ANALISI DELLE STRUTTURE DI COMUNICAZIONE

Prova n. 1

1. ne; 2. me; 3. lei; 4. mio; 5. ci; 6. lei; 7. nostro; 8. sua; 9. me; 10. mia; 11. le; 12. -ci; 13. nostra; 14. -le; 15. mia; 16. ne; 17. sua; 18. la; 19. ci; 20. mi; 21. miei; 22. io; 23. nostri; 24. ci.

Prova n. 2

1. ho visti; 2. dormivano; 3. ho fatto; 4. mi sono lavata; 5. mi sono messa; 6. ho impiegato; 7. avevo dormito; 8. ho sentito; 9. usciva; 10. ho trovato; 11. ci vediamo; 12. c'era; 13. era andato; 14. mi sono precipitata; 15. fosse; 16. era rimasta; 17. avrebbe preso; 18. ha ricordato; 19. avranno architettato; 20. avrei voluto/volevo.

Prova n. 3	Prova n. 4
1. C	1. C
2. B	2. D
3. D	3. B
4. A	4. B
5. C	5. A
6. D	6. D
7. B	7. C
8. B	8. C
9. C	9. A
10. C	10. A
11. D	
12. C	
13. B	
14. A	
15. D	

LIVELLO DUE - B2

Sessione GIUGNO 2006

Certificazione
di Italiano come Lingua Straniera

Criteri di attribuzione dei punteggi

Criteri di attribuzione dei punteggi - livello DUE - B2

TEST DI ASCOLTO

Prova n. 1
Dettato
Punteggio massimo: **punti 6**
I punti saranno così assegnati:
punti 6:   fino a un massimo di 1 errore di ortografia;
punti 5:   fino a un massimo di 3 errori di ortografia;
punti 4:   fino a un massimo di 6 errori di ortografia;
punti 3:   fino a un massimo di 10 errori di ortografia;
punti 2:   fino a un massimo di 14 errori di ortografia;
punti 1:   fino a un massimo di 20 errori di ortografia.
Una parola non capita o omessa equivale a 3 errori di ortografia.
Tre errori di punteggiatura equivalgono a 1 errore di ortografia.

Prova n. 2
Test a scelta multipla composto da 7 item
Punteggio massimo: **punti 7**
I punti saranno così assegnati:
punti 1:   per ogni risposta esatta;
punti 0:   per ogni risposta sbagliata o omessa.

Prova n. 3
Test a individuazione di informazioni composto da 7 item
Punteggio massimo: **punti 7**
I punti saranno così assegnati:
punti 1:   per ogni risposta esatta;
punti 0:   per ogni risposta omessa;
punti -0,5:   per ogni risposta sbagliata.

Punteggio totale del test di ascolto: **punti 20**

TEST DI COMPRENSIONE DELLA LETTURA

Prova n. 1
Test a scelta multipla composto da 7 item
Punteggio massimo: **punti 7**
I punti saranno così assegnati:
punti 1:   per ogni risposta esatta;
punti 0:   per ogni risposta sbagliata o omessa.

Prova n. 2
Test a individuazione di informazioni composto da 7 item
Punteggio massimo: **punti 7**
I punti saranno così assegnati:
punti 1:   per ogni risposta esatta;
punti 0:   per ogni risposta omessa;
punti -0,5:   per ogni risposta sbagliata.

Prova n. 3
Test a ricostruzione composto da 10 item
Punteggio massimo: **punti 6**
I punti saranno così assegnati:
punti 0,6:   per ogni legame ricostruito in modo consequenziale;
punti 0:   per ogni legame ricostruito in modo non consequenziale o omesso.

Punteggio totale del test di comprensione della lettura: **punti 20**

Criteri di attribuzione dei punteggi - livello DUE - B2

TEST DI ANALISI DELLE STRUTTURE DI COMUNICAZIONE

Prova n. 1
Test a completamento composto da 24 item
Punteggio massimo: **punti 6**
I punti saranno così assegnati:
punti 0,25:   per ogni risposta esatta;
punti 0:   per ogni risposta sbagliata o omessa.

Prova n. 2
Test a completamento composto da 20 item
Punteggio massimo: **punti 6**
I punti saranno così assegnati:
punti 0,3:   per ogni risposta esatta;
punti 0:   per ogni risposta sbagiata o omessa.

Prova n. 3
Test lessicale a completamento composto da 15 item
Punteggio massimo: **punti 6**
I punti saranno così assegnati:
punti 0,4:   per ogni risposta esatta;
punti 0:   per ogni risposta sbagliata o omessa.

Prova n. 4
Test a scelta multipla composto da 10 item
Punteggio massimo: **punti 6**
I punti saranno così assegnati:
punti 0,6:   per ogni risposta esatta;
punti 0:   per ogni risposta sbagliata o omessa.

Punteggio grezzo massimo = 24 - il punteggio totale del candidato verrà riportato alla scala 20 attraverso la seguente proporzione: **20: 24 =x: punteggio grezzo del candidato (coeff.: 0,83).**

PRODUZIONE SCRITTA

Prova n. 1
Prova a tema (120 - 140 parole)
Punteggio massimo: **punti 10**
I punti saranno così assegnati:
a) efficacia comunicativa: **fino a punti 4;**
b) correttezza morfosintattica: **fino a punti 3,5;**
c) adeguatezza e ricchezza lessicale: **fino a punti 1,5;**
d) ortografia e punteggiatura: **fino a punti 1.**

Prova n. 2
Prova a tema (80 - 100 parole)
Punteggio massimo: **punti 10**
I punti saranno così assegnati:
a) adeguatezza e completezza di contenuto: **fino a punti 2;**
b) efficacia comunicativa: **fino a punti 2;**
c) registro/adeguatezza stilistica: **fino a punti 1;**
d) correttezza morfosintattica: **fino a punti 3;**
e) adeguatezza e ricchezza lessicale: **fino a punti 1;**
f) ortografia e punteggiatura: **fino a punti 1.**

Punteggio totale del test di produzione scritta: **punti 20**

Criteri di attribuzione dei punteggi - livello DUE - B2

PRODUZIONE ORALE

Prova n. 1
Interazione faccia a faccia
Punteggio massimo: **punti 10**
I punti saranno così assegnati:
a) efficacia comunicativa: **fino a punti 4;**
b) correttezza morfosintattica: **fino a punti 3;**
c) adeguatezza e ricchezza lessicale: **fino a punti 2;**
d) pronuncia e intonazione: **fino a punti 1.**

Prova n. 2
Parlato faccia a faccia monodirezionale
Punteggio massimo: **punti 10**
I punti saranno così assegnati:
a) efficacia comunicativa: **fino a punti 4;**
b) correttezza morfosintattica: **fino a punti 3;**
c) adeguatezza e ricchezza lessicale: **fino a punti 2;**
d) pronuncia e intonazione: **fino a punti 1.**

Punteggio totale del test di produzione orale: **punti 20**

48

LIVELLO DUE - B2

Sessione DICEMBRE 2006

Test di ascolto
Numero delle prove 3

Ascolto – Prova n. 3

Ascolta il testo: è una trasmissione radiofonica. Poi leggi le informazioni. Scegli le informazioni presenti nel testo. Alla fine del test di ascolto, DEVI SCRIVERE LE RISPOSTE NEL 'FOGLIO DELLE RISPOSTE'.

1. A Palermo si svolge per la prima volta una mostra dal titolo *"I costruttori. Il lavoro in cento anni di arte italiana"*, dedicata al tema del lavoro.

2. Alla mostra *"I costruttori. Il lavoro in cento anni di arte italiana"* sono presenti lavori esclusivamente di artisti italiani.

3. Le opere della mostra *"I costruttori. Il lavoro in cento anni di arte italiana"* provengono da musei nazionali e da collezioni private.

4. Alla mostra *"I costruttori. Il lavoro in cento anni di arte italiana"* sono presenti più di cinquecento opere.

5. La mostra *"I costruttori. Il lavoro in cento anni di arte italiana"* permette ai visitatori di capire l'influenza del lavoro sullo stile di vita.

6. Una sezione della mostra *"I costruttori. Il lavoro in cento anni di arte italiana"* presenta anche fotografie e video.

7. Alla mostra *"I costruttori. Il lavoro in cento anni di arte italiana"* è possibile ammirare i primi modelli di automobili dalla fine dell'800.

8. La mostra *"I costruttori. Il lavoro in cento anni di arte italiana"* propone ai visitatori una postazione interattiva con la ricostruzione dei mestieri dell'800.

9. È possibile visitare la mostra *"I costruttori. Il lavoro in cento anni di arte italiana"* tutti i giorni della settimana.

10. La mostra *"Tesori di Capodimonte"* a Cremona raccoglie opere e oggetti che generalmente si trovano presso il museo di Capodimonte.

11. La mostra presenta quadri ma anche oggettistica rappresentativa della vita quotidiana napoletana nel '500.

12. La mostra *"Tesori di Capodimonte"* a Cremona consente di approfondire i legami tra l'arte cremonese e quella napoletana.

13. La mostra è aperta tutti i giorni, dalle ore nove alle ore diciannove.

14. L'ingresso alla mostra *"Tesori di Capodimonte"* è gratuito.

15. La mostra *"Tesori di Capodimonte"* si è aperta con una lezione sull'arte napoletana ai bambini delle scuole primarie.

LIVELLO DUE - B2

Sessione DICEMBRE 2006

Tempo a disposizione 50 minuti

<u>53</u>

Test di comprensione della lettura

Numero delle prove 3

L'UNIVERSITÀ COMINCIA A QUARANT'ANNI

Li chiamano "studenti maturi", sono 255 mila, è il nuovo target d'oro dei piccoli atenei. C'è chi vuole laurearsi in nome della carriera e chi torna sui libri solo per passione, e spera di farcela prima dei figli.

Lo chiama un "colpo di vita": "A furia di stare con tutti questi professori e studenti, o scappavo o mi iscrivevo". Si è iscritta, e così, a 43 anni, Flora Bianchi si ritrova ogni giorno a saltellare dalla scrivania al banco: dopo sei anni di lavoro come segretaria del dipartimento di Sociologia dell'Università Bicocca di Milano, ha deciso di frequentare Scienze del Turismo. Presa la decisione, quest'estate ha rispolverato il suo diploma di liceo artistico, si è messa in coda per presentare la domanda di iscrizione davanti alla collega della segreteria matricole, ha superato i test di ammissione e da dicembre ha sostenuto i primi esami. Non ha idea di che cosa farà "da grande", l'unica cosa certa è che è contentissima. Flora non è l'unica, anzi è in compagnia di 255 mila ultratrentenni iscritti negli atenei italiani. La solita piaga degli studenti fuori corso? Quelli rimangono, ma il fenomeno nuovo è un altro: il boom dei cosiddetti "studenti maturi". Gente che ritorna a studiare a 30 e 40 anni per finire una facoltà interrotta, ma anche per iniziarne una nuova (poco meno di 28 mila i neoiscritti quest'anno). Uomini e donne che vogliono migliorare la loro posizione lavorativa o che scelgono un corso che con il lavoro non ha nulla da spartire, per pura passione. "Si profila un nuovo target di studenti" spiega Luigi Buggeri, presidente dell'Istat e del Comitato nazionale per la valutazione del sistema universitario. "A favorirlo è stata la riforma dei tre anni più due e la moltiplicazione dell'offerta: oggi ci sono corsi per tutti i gusti. La riforma, pur al centro di molte critiche, va senz'altro incontro a chi è già inserito nel mondo del lavoro. Un bel risultato, in un paese come il nostro, dove il concetto di educazione permanente non è molto diffuso". Riforma universitaria, possibilità di convalidare gli esami sostenuti dieci o venti anni fa, riconoscimento dell'attività professionale all'insegna dello slogan "laureare l'esperienza", convenzioni tra atenei ed enti o ordini professionali: qualcuno storce il naso e grida alla fabbrica delle lauree. Buggeri sposta il tiro: "La verità è che la società è cambiata. Oggi, pure tra i più giovani, sono di più gli studenti lavoratori che quelli a tempo pieno. Ben vengano gli ultratrentenni. Solo che il sistema universitario dovrebbe accorgersi di loro. E organizzarsi anche per loro". Qualcosa si sta muovendo. L'Università della Valle D'Aosta, per esempio, che secondo i dati del Miur (Ministero dell'istruzione, università e ricerca) riferiti all'anno accademico 2005-2006, con il suo 28,8 per cento ha il record di matricole ultratrentenni, ha deciso di attivare corsi serali, con biblioteche aperte fino alle 22, ricevimento dei professori nel fine-settimana. "Il paradiso dello studente maturo, comunque, è la fascia tra 32 e 46 anni" afferma Maria Amata Gario, direttore del consorzio Nettuno, che vede collaborare 41 università italiane. Già, sono quelli che possono sfruttare al meglio le 24 mila ore di videolezioni prodotte e le 26 mila ore di esercitazioni via internet: si può studiare a qualsiasi ora e per di più è possibile registrare e riascoltare le lezioni. La prima università italiana a istituire, nel 2000, un corso di laurea *on-line*, di ingegneria informatica, è stata comunque il Politecnico di Milano. "C'era una domanda di studenti lavoratori. E ormai le tecnologie lo consentivano. Bisognava partire" ricorda Alberto Colorni, coordinatore del corso. Un successo. C'è chi lo frequenta per migliorare la propria condizione professionale, ad esempio le persone che lavorano nel settore dell'informatica, e chi è mosso da pura passione, come Fulvio Contafelice, diplomato in pianoforte e insegnante al conservatorio di Bari. "Il pallino mi è venuto quando ho comprato il primo computer. Leggevo, mi informavo. Ma un corso di studi vero, dove alla fine qualcuno verifica se hai imparato qualcosa, è tutta un'altra cosa. La maggiore rinuncia? Prima facevo molti concerti... Se mi vedo ingegnere? Via, non scherziamo: io non lascerò mai il conservatorio". Proprio vero, i sogni non muoiono all'alba dei quarant'anni.

Comprensione della lettura – Prova n. 1

Completa le frasi. Scegli una delle quattro proposte di completamento che ti diamo per ogni frase.
DEVI SCRIVERE LE RISPOSTE NEL 'FOGLIO DELLE RISPOSTE'.

1. **Flora Bianchi ha deciso di iscriversi alla facoltà di Scienze del Turismo perché vuole**
   A) fare carriera nell'ambito del lavoro.
   B) cambiare posto di lavoro.
   C) mostrare le sue vere capacità.
   D) dare una svolta alla sua vita da segretaria.

2. **Il fenomeno degli "studenti maturi" si riferisce alla presenza nelle università di**
   A) studenti che non hanno terminato il corso di studi nei tempi ordinari.
   B) trentenni o quarantenni che riprendono o iniziano per la prima volta gli studi.
   C) persone anziane che seguono i corsi per la terza età.
   D) studenti che hanno superato a pieni voti l'esame di maturità.

3. **Secondo Luigi Buggeri la presenza di una nuova tipologia di pubblico nell'università italiana è legata alla**
   A) riforma dell'università con l'istituzione di lauree triennali e lauree specialistiche.
   B) diffusione in Italia dell'idea che è necessario formarsi durante tutta la vita.
   C) efficacia delle campagne pubblicitarie delle università per attirare studenti.
   D) più stretta collaborazione tra università e mondo del lavoro.

55

4. **Per andare incontro alle esigenze della nuova tipologia di studenti, l'Università della Valle d'Aosta**
   A) ha decentrato le sedi dove si tengono le lezioni.
   B) ha cambiato gli orari delle lezioni e dei servizi.
   C) ha istituito un sistema telematico di lezioni su internet.
   D) ha stipulato convenzioni con altre università.

5. **Il consorzio di università Nettuno permette agli studenti di**
   A) studiare quando vogliono perché le lezioni sono scaricabili da internet.
   B) seguire le lezioni dalla sede della propria città perché sono in videoconferenza.
   C) frequentare i corsi ed incontrare i docenti nel fine settimana.
   D) avere uno scambio diretto e frequente con i docenti grazie alla posta elettronica.

6. **Il Politecnico di Milano è stata la prima università italiana a**
   A) attivare un corso di laurea *on-line*.
   B) proporre il corso di laurea in ingegneria informatica.
   C) creare la tecnologia per lanciare in rete i corsi universitari.
   D) prospettare l'idea di un consorzio tra diverse università.

7. **Fulvio Contafelice ha deciso di iscriversi al corso di ingegneria informatica del Politecnico di Milano per**
   A) perfezionare la sua formazione da autodidatta in informatica.
   B) seguire un corso istituzionale e verificare quanto ha appreso.
   C) essere in grado di portare l'informatica nel conservatorio in cui lavora.
   D) cambiare lavoro e dedicarsi all'ingegneria informatica.

Leggi il testo.

PREMIO PUBBLICITÀ ORIGINALE 2006

Premio Pubblicità originale 2006 è un valido riconoscimento del livello di creatività, studio e preparazione tecnica degli studenti dei corsi di comunicazione e pubblicità. Gli scopi del premio sono: valorizzare tali materie in ogni loro forma, coinvolgere i giovani ed i loro docenti, stimolare la creatività nella realizzazione di uno spot o di un manifesto, creare opportunità di incontro con esperti e personaggi del mondo della comunicazione per avvicinare maggiormente gli studenti ad una professione quanto mai attuale.

Possono partecipare al *Premio Pubblicità originale 2006* gli studenti iscritti presso università e scuole pubbliche e private, sia in Italia che all'estero, a corsi di scienze della comunicazione, comunicazione d'impresa, tecnica e grafica pubblicitaria, web design/internet, oppure laureati o diplomati in uno dei suddetti corsi nell'anno 2005.

Gli studenti possono iscriversi singolarmente, in coppia o in gruppo; in questi ultimi due casi è preferibile che i componenti del gruppo frequentino la stessa università o scuola.

Per iscriversi è necessario compilare, in modo chiaro e completo, la scheda d'iscrizione in originale o in fotocopia o scaricata dal sito internet www.premiopubblicitàoriginale.it, e inviarla insieme con:
- il materiale pubblicitario;
- una dichiarazione firmata o una copia di un documento che attesti l'iscrizione al corso presso università o scuole, oppure il recente conseguimento del diploma o della laurea;
- una copia del pagamento dell'iscrizione al concorso.

Il contributo di 30 euro per l'iscrizione al concorso serve all'esposizione dei lavori partecipanti. Ogni studente, coppia o gruppo può iscrivere al concorso un solo lavoro pubblicitario.

Il materiale deve arrivare in buono stato a: Associazione Creativisinasce - *Premio Pubblicità originale 2006* – Corso Vittorio Veneto, n.1 – 84100 Salerno (Italia). I materiali che risultano non in regola per l'iscrizione, non potranno partecipare al concorso. Termine ultimo per l'invio dei lavori è il 30 novembre 2006.

Il tema del concorso è "Valorizzare nuovi itinerari turistici per scoprire le bellezze del territorio". Ogni studente, coppia o gruppo, in riferimento a questo tema, può creare un messaggio pubblicitario e realizzare a scelta un disegno grafico, uno spot televisivo, uno spot radiofonico, un sito web.

Su tutti i materiali i partecipanti al concorso devono indicare il/i nome/i dello/degli studente/i, il tipo di corso frequentato, il nome dell'università o della scuola di appartenenza.

L'Organizzazione non restituirà i lavori iscritti al concorso e dovrà avere l'autorizzazione a esporli o pubblicarli.

Una giuria di esperti e professionisti della comunicazione valuterà i lavori partecipanti e assegnerà i premi ai lavori pubblicitari più validi. Le decisioni della giuria sono inappellabili.

Riceveranno un premio sia gli studenti sia le università di appartenenza. I vincitori hanno diritto a partecipare a corsi professionali dell'Associazione Italiana Pubblicitari Professionisti. I vincitori ed i finalisti potranno anche partecipare a stage presso agenzie di pubblicità.

La premiazione avrà luogo a Salerno entro dicembre 2006; potranno intervenire alla cerimonia tutti i partecipanti al concorso.

Comprensione della lettura – Prova n. 2

Leggi le informazioni. Scegli le informazioni presenti nel testo. DEVI SCRIVERE LE RISPOSTE NEL 'FOGLIO DELLE RISPOSTE'.

1. *Premio Pubblicità originale 2006* è un concorso rivolto a giovani che seguono studi relativi alla comunicazione e alla pubblicità.

2. Una delle finalità del concorso è permettere agli studenti di entrare in contatto con il mondo del lavoro.

3. Possono presentare domanda di partecipazione al concorso soltanto studenti che frequentano corsi universitari.

4. I giovani che hanno conseguito il diploma di laurea in scienze della comunicazione o nelle discipline pubblicitarie non possono partecipare al concorso.

5. I materiali pubblicitari in concorso possono essere lavori individuali o lavori collettivi in coppia o in gruppo di studenti.

6. Se il materiale è opera di più studenti, è meglio che i membri del gruppo frequentino università diverse.

7. Nella domanda di iscrizione al concorso gli studenti devono presentare la fotocopia di un documento di identità valido.

8. L'iscrizione al concorso è gratuita, ma gli studenti devono essere in regola con le tasse universitarie.

9. I singoli studenti, le coppie o i gruppi possono partecipare al concorso con un solo prodotto pubblicitario.

10. Il 30 novembre 2006 è la data di scadenza delle iscrizioni al concorso.

11. I partecipanti al concorso possono scegliere tra due temi nella creazione dei loro materiali pubblicitari.

12. I partecipanti al concorso hanno la possibilità di realizzare i loro materiali pubblicitari per stampa, tv, radio, internet.

13. Il regolamento vieta di identificare in qualunque modo i materiali che partecipano al concorso.

14. Dopo il concorso tutti gli studenti potranno riavere i propri materiali pubblicitari tranne i vincitori.

15. Gli studenti che hanno vinto il concorso possono frequentare corsi dell'Associazione Italiana Pubblicitari Professionisti.

57

Leggi il testo. Il testo è diviso in 11 parti. Le parti non sono in ordine. Ricostruisci il testo. Scrivi il numero d'ordine accanto a ciascuna parte. DEVI SCRIVERE LE RISPOSTE NEL 'FOGLIO DELLE RISPOSTE'.

AVVENTURA NEL PARCO NAZIONALE D'ABRUZZO

1 **A.** Parco Nazionale d'Abruzzo. Gita con gli amici. Non è una semplice gita in campagna, ma una spedizione.

☐ **B.** Dopo il capriolo, mi ritrovo al penultimo posto, davanti ad Antonio, sono molto stanca e anche un po' triste.

☐ **C.** Dopo le considerazioni sull'abbigliamento tecnico, siamo pronti per iniziare la nostra avventura dal sentiero *Valle dell'Inferno*. Capirò più tardi perché si chiama così. Io tengo il passo della guida.

☐ **D.** Quando finalmente sono arrivata alla cima, cado a terra per la stanchezza. Svengo, mi pare. Il ritorno è leggenda!

☐ **E.** Gli altri del gruppo sono avanti, quasi in cima al monte: io e Antonio, tutti e due molto stanchi, affrontiamo insieme gli ultimi metri.

58

☐ **F.** Tutti hanno visto il cinghiale, tranne me, accidenti al fazzoletto, non devo distrarmi più.

☐ **G.** Saliamo ancora. Per non cadere o farmi male guardo per terra, e così perdo il passaggio di un altro animale: un capriolo!

☐ **H.** Per raggiungere i 2.000 metri di altitudine, sono perfettamente equipaggiata come la nostra guida: pantaloni mimetici, zaino e scarponi da trekking.

☐ **I.** Continuo a salire, sudo per la fatica, così mi fermo per prendere il fazzoletto dallo zaino. Ma per fare questo mi perdo la vista di un animale selvatico: è un cinghiale.

☐ **J.** I supereroi sono arrivati, li sento gridare di gioia, e io invece provo tanta solitudine e avanzo con fatica verso la cima.

☐ **K.** Mentre cammino a fianco della guida, osservo il bosco nella speranza di essere la prima a vedere qualche creatura selvatica, ma purtroppo non vedo niente.

LIVELLO DUE - B2

Sessione DICEMBRE 2006

Tempo a disposizione 1 ora

Test di analisi delle strutture di comunicazione

Numero delle prove 4

Analisi delle strutture di comunicazione – Prova n. 1

Completa il testo con gli aggettivi e i pronomi. DEVI SCRIVERE LE RISPOSTE NEL 'FOGLIO DELLE RISPOSTE'.

LA _____*mia*_____ VITA IN ITALIA
(0)

Sono un architetto giapponese. Vivo in Italia dal 1963 e sono sempre più affascinato da questo paese. Amo tutte le città italiane. Se parliamo di bellezza _____ piacciono Roma, Firenze, ma la città che (1)

stimola di più la _____ emotività è Milano. Forse perché _____ vivo, forse perché (2) (3)

_____ conosco bene, conosco ogni luogo, conosco molte persone. Con _____ (4) (5)

moglie andiamo spesso a mangiare al ristorante: i ristoranti famosi però non _____ soddisfano, (6)

preferiamo locali piccoli che dovunque in Italia sono sorprendenti. Tanti _____ ricordi sono (7)

legati a questi locali: una carrellata di antipasti in Piemonte, una mangiata di pesce a San Benedetto del

Tronto, sull'Adriatico. Se venisse in Italia un _____ amico giapponese _____ (8) (9)

porterei al _____ ristorante preferito: il ristorante dell'albergo *La Laguna* a Venezia, dove ho (10)

mangiato un'eccezionale pasta e fagioli. Tuttavia non _____ fermerei solo a Venezia: è una (11)

cartolina, non rappresenta l'Italia in generale. Dunque come prima tappa _____ farei visitare (12)

Roma: è da lì che comincia la storia dell'Italia. Se però fosse un architetto che già conosce il paese, il

_____ giro dovrebbe toccare la Toscana, Mantova, Ferrara. Secondo _____ (13) (14)

l'italianità si identifica molto nel Rinascimento. Per _____ architetti l'Italia, con il (15)

_____ immenso patrimonio artistico, è una specie di paradiso, appena alzi lo sguardo (16)

_____ colpiscono finestre, porte, archi e rimani affascinato come un bambino in un negozio di (17)

giocattoli. Gli italiani hanno una grande cura delle _____ città, della _____ arte, (18) (19)

ma le opere sono così tante che _____ rimangono molte nei magazzini dei musei. L'Italia però (20)

è famosa non solo per la _____ arte ma anche per la natura, i paesaggi e la gente. Ad esempio (21)

_____ piace moltissimo la campagna toscana con le _____ colline verdeggianti (22) (23)

oppure il mare delle isole, famose per la _____ natura selvaggia. (24)

60

Analisi delle strutture di comunicazione – Prova n. 2

Completa il testo con le forme giuste dei verbi che sono tra parentesi. DEVI SCRIVERE LE RISPOSTE NEL 'FOGLIO DELLE RISPOSTE'.

DIARIO DI UNA VIANDANTE

Camminare per tre settimane nel sud dell'Italia, nella campagna del Salento, con uno zaino di dieci chili sulle

spalle e una media di 25 chilometri al giorno *(essere)* _____ *è stata* _____ (0) un'esperienza esaltante. Il desiderio

dell'impresa *(nascere)* _____ (1) _____ alcuni mesi prima, quando *(leggere)* _____ (2) _____ un

articolo in una rivista che *(descrivere)* _____ (3) _____ questi luoghi e questi percorsi. Allora, io e mio

marito, affascinati, *(cominciare)* _____ (4) _____ a informarci sui percorsi e sulle tappe. Alla fine

(scegliere) _____ (5) _____ un percorso che ci *(sembrare)* _____ (6) _____ adatto alle nostre esigenze.

Mentre *(preparare)* _____ (7) _____ le attrezzature ci *(sentire)* _____ (8) _____ molto emozionati

all'idea di intraprendere questo viaggio, che sicuramente *(essere)* _____ (9) _____ diverso da ogni altro

viaggio. Infatti per strada *(incontrare)* _____ (10) _____ molte persone interessanti, come per esempio un

signore ultrasessantenne che *(viaggiare)* _____ (11) _____ come noi con lo zaino in spalla, oppure una

ragazza che *(dipingere)* _____ (12) _____ seduta per terra i grandi alberi di olivo. Come *(giudicare)*

_____ (13) _____ ora quell'esperienza? Prima di quel viaggio *(pensare)* _____ (14) _____ che

camminare per sei ore al giorno *(essere)* _____ (15) _____ un'impresa difficile, ma dopo *(accorgersi)*

_____ (16) _____ che *(essere)* _____ (17) _____ semplicemente un modo sensato per trascorrere la

giornata. Anche lo zaino, apparentemente un inutile peso, in realtà mi *(aiutare)* _____ (18) _____ a trovare

equilibrio e stabilità. La sorpresa più grande alla fine di questo viaggio *(essere)* _____ (19) _____ scoprire il

mio corpo più resistente di quello che *(credere)* _____ (20) _____ .

61

Analisi delle strutture di comunicazione – Prova n. 4

CILS

Scegli per ogni espressione una delle quattro situazioni di comunicazione che ti diamo. DEVI SCRIVERE LE RISPOSTE NEL 'FOGLIO DELLE RISPOSTE'.

1. **Io ho voglia di un caffè. Perché non andiamo a prenderlo in quel bar!**
   A) In un bar, chiedi un caffè al barista.
   B) Per strada, proponi ad un tuo amico di bere un caffè.
   C) Al ristorante, chiedi un caffè a fine pasto.
   D) A casa, offri un caffè ad un tuo amico.

2. **Risponde la segreteria telefonica dello studio del dottor Giardi. Il dottore è momentaneamente assente, lasciate il vostro nome e numero di telefono. Vi richiameremo al più presto.**
   A) È un messaggio che il dottor Giardi lascia nella segreteria telefonica di un suo amico.
   B) È il messaggio che un paziente lascia nella segreteria telefonica del dottore, per prenotare una visita.
   C) È un messaggio della società telefonica per avvertire che c'è stato un cambiamento di numero.
   D) È il messaggio che si sente nella segreteria telefonica quando il medico non è in ambulatorio.

3. **Ciao Alessandra, sono Francesca. Ti ho chiamato per dirti che sabato prossimo vado al concerto di Gianna Nannini. Domani sera vado a comprare il biglietto. Se vuoi venire anche tu, richiamami entro domani. Ciao.**
   A) È un messaggio che Francesca ha lasciato nella segreteria telefonica di una sua amica.
   B) È un biglietto d'invito ad un concerto che Francesca ha scritto ad una sua amica.
   C) È un messaggio che Francesca ha lasciato nella segreteria telefonica della biglietteria di un teatro.
   D) È un messaggio di posta elettronica che Francesca ha scritto alla sua insegnante di musica.

4. **Per favore, potrebbe cambiarmi questa banconota da cinque euro in monete? Mi serve un euro per prendere il carrello per la spesa.**
   A) In una banca chiedi al cassiere di cambiare i soldi.
   B) In un negozio chiedi ad un tuo amico se può prestarti i soldi perché non hai spiccioli.
   C) In un centro commerciale chiedi ad una persona che non conosci di cambiarti i soldi.
   D) In un supermercato chiedi al commesso di farti il resto in monete.

5. **Ma insomma, la smettete di parlare? La gente viene qui per studiare!**
   A) In biblioteca, chiedi di fare meno rumore ad alcune persone sedute vicino a te.
   B) All'università, durante una lezione, il professore chiede agli studenti di ascoltare in silenzio.
   C) A scuola, durante un'esercitazione, chiedi ai tuoi compagni vicini di banco di non disturbarti.
   D) In una libreria, il negoziante chiede ai clienti presenti nel locale di fare silenzio.

Analisi delle strutture di comunicazione – Prova n. 4

6. **Buongiorno, che cosa devo fare per avere un conto corrente presso la vostra banca?**
   A) Ti rivolgi al cassiere della tua banca per fare un versamento nel tuo conto corrente.
   B) Chiedi informazioni al cassiere della banca per fare un prelievo dal conto corrente.
   C) Ti rivolgi al cassiere di una banca per l'apertura di un conto corrente.
   D) Chiedi informazioni alla tua banca per chiudere un conto corrente.

7. **Mi scusi per il ritardo, ma c'era molto traffico a causa di un incidente.**
   A) In uno studio medico, ti scusi per aver fatto tardi all'appuntamento.
   B) In auto, la Radio informa i viaggiatori della situazione del traffico.
   C) Alla fermata dell'autobus, un controllore ti informa che l'autobus che aspetti è in ritardo.
   D) Sull'autobus, un signore ti chiede se l'autobus è in ritardo a causa del traffico.

8. **Buongiorno, vorrei spedire questo pacco in Grecia con posta celere, quanto tempo impiega ad arrivare?**
   A) Vuoi inviare un pacco in Grecia e chiedi ad un impiegato dell'Ufficio Postale il prezzo del francobollo.
   B) Chiedi informazioni ad un impiegato dell'Ufficio Postale sui giorni necessari per fare arrivare un pacco in Grecia.
   C) Chiedi ad un impiegato dell'Ufficio Postale qual è il mezzo più veloce per spedire un pacco in Grecia.
   D) Vuoi inviare un pacco in Grecia e chiedi ad un impiegato dell'Ufficio Postale quali sono le procedure che devi seguire.

65

9. **Cerco ragazza italiana non fumatrice per dividere stanza in appartamento in centro.**
   A) È un annuncio di una ragazza che offre un posto letto nella sua stanza.
   B) È una telefonata ad un'amica per chiederle se conosce qualcuno che affitta una stanza.
   C) È un biglietto alla tua compagna di stanza per ricordarle di non fumare in casa.
   D) È un annuncio di una ragazza che cerca una stanza in affitto in centro.

10. **Mi scusi, ho comprato questa bottiglia di latte proprio stamattina ma, appena arrivata a casa, ho visto che il latte è scaduto ieri!**
    A) Chiedi alla commessa di un negozio il prezzo del latte.
    B) Protesti con il barista perché il latte ha un cattivo sapore.
    C) Parli con la commessa del supermercato per fare un reclamo.
    D) Informi la tua compagna di appartamento che ha comprato latte scaduto.

LIVELLO DUE - B2

Sessione DICEMBRE 2006

Tempo a disposizione 1 ora e 10 minuti <u>67</u>

Test di produzione scritta

Numero delle prove 2

cils

Produzione scritta – Prova n. 1

Descrivi i pregi e i difetti del tuo aspetto fisico e del tuo carattere. Devi scrivere da 120 a 140 parole.
DEVI SCRIVERE IL TESTO NEL 'FOGLIO DELLA PRODUZIONE SCRITTA - PROVA N. 1'.

68

Produzione scritta – Prova n. 2

Vuoi visitare una città italiana. Scrivi una mail o una lettera all'ente del turismo della città che vuoi visitare e chiedi informazioni su musei, monumenti, alberghi, ristoranti della città. Devi scrivere da 80 a 100 parole. DEVI SCRIVERE IL TESTO NEL 'FOGLIO DELLA PRODUZIONE SCRITTA - PROVA N. 2'.

69

Certificazione di Italiano come Lingua Straniera | Dicembre 2006

LIVELLO DUE - B2

Test di Produzione orale

Il test di produzione orale comprende due prove ed è individuale.

Le prove orali devono essere interamente registrate su CD. Alla fine degli esami le registrazioni verranno inviate in originale all'Università per Stranieri di Siena per la valutazione.

Le prove dei singoli candidati verranno registrate in successione sullo stesso CD. L'esaminatore dovrà:

- verificare il funzionamento delle apparecchiature con una breve registrazione di prova;
- far firmare il candidato nel foglio delle prove orali;
- registrare sul CD, prima dell'inizio delle prove, il nome, il cognome e il numero di matricola del candidato;
- verificare, prima di congedare il candidato, che le prove siano state registrate;
- scrivere sulla copertina dei CD la sede e il livello, e i nomi dei candidati nell'ordine registrazione;
- nominare i file audio con il numero di matricola del candidato.

Si avverte che le prove dei candidati non correttamente identificati <u>non potranno essere valutate</u>.

Obiettivo del test è ottenere del materiale per verificare la capacità di parlato in lingua italiana. Pertanto è opportuno che l'argomento che serve da input non costituisca un ostacolo alla produzione.

Prova n. 1

La prova ha le caratteristiche di una conversazione faccia a faccia. Il candidato dovrà fare un dialogo con l'esaminatore su uno dei seguenti argomenti:

- **le motivazioni che lo hanno spinto a studiare l'italiano;**
- **è possibile vivere senza il cellulare e senza il computer;**
- **i suoi gusti musicali o le sue letture preferite;**
- **i tre oggetti che porterebbe con sé su un'isola deserta.**

L'esaminatore farà scegliere al candidato uno degli argomenti. Successivamente darà l'avvio alla conversazione rivolgendo al candidato una prima domanda relativa all'argomento scelto e continuerà a sollecitare la conversazione rivolgendo altre domande sulla base delle risposte date dal candidato.

Durata della conversazione: *3-4 minuti circa.*

Prova n. 2

La prova ha le caratteristiche di un parlato faccia a faccia monodirezionale. L'esaminatore inviterà il candidato a parlare da solo su uno dei seguenti temi:

- **i suoi progetti per il futuro;**
- **un'epoca storica in cui gli piacerebbe vivere;**
- **l'immagine numero 1;**
- **l'immagine numero 2.**

Il candidato dovrà organizzare la propria esposizione senza l'aiuto dell'esaminatore, che potrà eventualmente intervenire per aiutare il candidato che abbia difficoltà a parlare.

Durata dell'esposizione: *2 minuti circa.*

1

72

2

LIVELLO DUE - B2

Sessione DICEMBRE 2006

Certificazione
di Italiano come Lingua Straniera

Trascrizioni delle prove di Ascolto

Ascolto. Prova numero uno

Apri il quaderno alla pagina della prova di ascolto numero uno.
Ascolta il testo. Dopo l'ascolto ti dettiamo il testo.
(Il testo viene letto per la prima volta)

REGISTI PER UN GIORNO

Avete una storia, un posto, un evento, una notizia, una persona da raccontare? Realizzate un video e inviatelo a noi. Non poniamo limiti alla vostra creatività: che sia finzione o realtà, basta una fotocamera, una videocamera o un videotelefonino per dare sfogo alla vostra fantasia. Potete cominciare subito. Unica regola: non superare i tre minuti di lunghezza. Scegliamo i video migliori e li trasmettiamo in televisione. In regalo libri, cd e dvd.

Ascolta e scrivi. Ti dettiamo anche la punteggiatura: virgola, punto, punto e virgola, due punti, punto interrogativo, punto esclamativo.
(Il testo viene dettato)
Leggi e controlla quello che hai scritto. Hai due minuti di tempo.
(Il nastro scorre in silenzio per due minuti)
Ascolta di nuovo il testo e controlla quello che hai scritto.
(Il testo viene letto di nuovo. Dopo un breve stacco musicale inizia la prova numero due)

Ascolto. Prova numero due

74

Apri il quaderno alla pagina della prova di ascolto numero due.
Ascolta il testo. Sentirai il testo due volte.
(Il testo viene letto per la prima volta)

- Buonasera a tutti da Emma Grandi, ben trovati a Radio Campus, questa sera vi proponiamo un master, un master davvero particolare dedicato a chi ha una sensibilità verso i diritti umani. Infatti diverrà presto europeo il Master in Diritti Umani ed Azione Umanitaria che parte per il quinto anno consecutivo all'Università degli Studi di Siena. Abbiamo con noi il direttore del Master, il professore Marco Fiori. Buonasera professore.
- **Buonasera a voi.**
- Sentiamo dal Professor Marco Fiori come è articolato.
- **Il Master consiste nel cercare di integrare il settore dei diritti umani e della azione umanitaria che in genere sono stati due campi che sono andati abbastanza per conto proprio, ma che tutti oggi sentono sempre più la necessità di tenere collegati.**
- Quanto dura questo Master?
- **Il Master è annuale, ci sono sette mesi di lezioni a tempo pieno per tutta la settimana e poi un periodo che va dai tre, quattro, anche cinque mesi di stage presso organizzazioni internazionali, organizzazioni non governative, centri universitari e di ricerca e che si occupano di diritti umani e azione umanitaria.**
- Quali sono i titoli per accedere a questo Master?
- **Si può iscrivere chiunque ha un titolo di laurea anche triennale di qualsiasi facoltà.**
- Esiste un numero chiuso?
- **Dunque il numero massimo è di 30 iscritti. La cosa fondamentale è che il nostro Master per la metà o forse più dei corsi è tenuto in inglese, quindi c'è bisogno direi di una ottima preparazione di questa lingua per poter seguire, partecipare nel modo migliore.**
- C'è un test d'ammissione?
- **C'è un test di inglese, c'è un colloquio soprattutto per cercare di capire le motivazioni, di individuare poi meglio le possibilità di intervento negli stage; per noi conta molto l'atteggiamento e per esempio la lettera di motivazione che chiediamo di scrivere.**
- Quali gli sbocchi lavorativi?
- **Il campo dei diritti umani della cooperazione internazionale del terzo settore è in espansione, soprattutto nelle organizzazioni internazionali e nelle grandi o anche piccole organizzazioni non governative che sono numerose. Il Master è rivolto anche a categorie quali … giovani diplomatici, funzionari di enti pubblici, professionisti del mondo della comunicazione, membri di associazioni di volontariato in Italia e all'estero.**
- Quando scadono le iscrizioni?
- **Le iscrizioni scadono tra metà e fine Ottobre, comunque nel sito sia dell'Università, sia nel sito proprio del Master che è www.iumarai.unisi.it ci sono tutte le spiegazioni in proposito.**
- Grazie al Professor Marco Fiori, Direttore del Master in Diritti Umani e Azione Umanitaria all'Università di Siena. Per questa sera è tutto, vi ricordo la nostra e-mail radiocampus@rai.it. il nostro sito internet www.radiocampus.rai.it.

Trascrizioni delle prove di Ascolto - livello DUE - B2

Ascolto. Prova numero tre

Apri il quaderno alla pagina della prova di ascolto numero tre.
Ascolta il testo. Sentirai il testo due volte.
(Il testo viene letto per la prima volta)

Si tiene a Palermo, nel prestigioso e appena restaurato Reale Albergo delle Povere, la mostra "I Costruttori. Il lavoro in cento anni di arte italiana" dal 13 settembre al 30 ottobre 2006.

Per la prima volta il tema dell'evoluzione del lavoro è esposto in mostra in Italia con cento lavori di grafica di grandi maestri europei.

La mostra si sviluppa in tre sezioni: una prima sezione storica fino alla seconda guerra mondiale, una seconda sezione fino agli anni Novanta e una terza dal 1990 al 2005.

La mostra si compone di una selezione di opere italiane che illustrano il tema della mostra, dai primi del Novecento ad oggi, provenienti da Musei e Gallerie d'Arte Moderna e Contemporanea, oltre che da raccolte private e archivi di artisti, per un totale di 100 opere.

Attraverso le opere in mostra si entra nel variegato mondo delle professioni, dei mestieri e delle arti che caratterizzarono il lavoro nell'Europa, a cavallo fra Ottocento e Novecento. La mostra presenta anche disegni e incisioni che illustrano il nuovo rapporto fra città e campagna, lo sviluppo delle reti stradali e delle abitazioni, l'espansione delle attività industriali, ma anche i nuovi luoghi di incontro, i nuovi mezzi di trasporto.

Video, fotografie ma anche sculture e dipinti sono infine le opere della sezione dedicata ai più giovani artisti che dal 1990 ad oggi si sono confrontati con la dimensione dell'uomo contemporaneo al lavoro.

La mostra è aperta tutti i giorni dalle 10.00 alle 19.00, chiusa il lunedì. L'ingresso è gratuito.

Si tiene invece al Museo Provinciale di Cremona, dal 26 ottobre 2005 al 17 aprile 2006, la mostra "Tesori di Capodimonte", che ospita 21 dipinti, 11 disegni, 17 oggetti oltre a 51 porcellane di origine napoletana, che sono nel resto dell'anno al Museo di Capodimonte.

Tra i dipinti, spiccano le opere di Andrea Mantegna, tra gli oggetti vi sono preziosi esempi di scultura del Cinquecento. Non mancano poi esempi di vasi, di statuine e figure che riproducono la gente comune: dai venditori ambulanti agli abitanti di Napoli, ai mendicanti, ai domatori di fiere. La mostra cremonese costituisce l'occasione per conoscere i rapporti e i percorsi che fanno oggi scoprire presenze cremonesi nelle collezioni napoletane.

Orario: dal martedì al sabato ore 9-19, domenica e festivi ore 10-19, giorno di chiusura lunedì.

Biglietto: € 7,00; ridotto speciale scuole € 5,00, ingresso libero per bambini fino a 6 anni.

LIVELLO DUE - B2

Sessione DICEMBRE 2006

Certificazione
di Italiano come Lingua Straniera

<u>77</u>

Chiavi di soluzione
delle prove

Chiavi di soluzione delle prove - livello DUE - B2

TEST DI ASCOLTO

Prova n. 1
Registi per un giorno
Avete una storia, un posto, un evento, una notizia, una persona da raccontare? Realizzate un video e inviatelo a noi. Non poniamo limiti alla vostra creatività: che sia finzione o realtà, basta una fotocamera, una videocamera o un videotelefonino per dare sfogo alla vostra fantasia. Potete cominciare subito. Unica regola: non superare i tre minuti di lunghezza. Scegliamo i video migliori e li trasmettiamo in televisione. In regalo libri, cd e dvd.

Prova n. 2		**Prova n. 3**
1	D	1
2	D	3
3	C	5
4	A	6
5	B	10
6	D	11
7	A	12

TEST DI COMPRENSIONE DELLA LETTURA

Prova n. 1		**Prova n. 2**	**Prova n. 3**	
1.	D	1	1.	A
2.	B	2	8.	B
3.	A	5	3.	C
4.	B	9	11.	D
5.	A	10	9.	E
6.	A	12	6.	F
7.	B	15	7.	G
			2.	H
			5.	I
			10.	J
			4.	K

TEST DI ANALISI DELLE STRUTTURE DI COMUNICAZIONE

Prova n. 1
1. mi; 2. mia; 3. ci; 4. la; 5. mia; 6. ci; 7. nostri; 8. mio/nostro; 9. lo; 10. mio/nostro; 11. mi; 12. gli; 13. suo; 14. me; 15. noi; 16. suo; 17. ti; 18. loro; 19. loro; 20. ne; 21. sua; 22. mi; 23. sue; 24. loro.

Prova n. 2
1. era nato/è nato; 2. lessi/ho letto; 3. descriveva; 4. abbiamo cominciato; 5. abbiamo scelto; 6. sembrava; 7. preparavamo; 8. sentivamo; 9. sarebbe stato; 10. abbiamo incontrato; 11. viaggiava; 12. dipingeva; 13. giudico/giudichiamo; 14. pensavo/pensavamo; 15. fosse; 16. mi sono accorta/ci siamo accorti; 17. era; 18. ha aiutato; 19. è stato; 20. credessi.

Prova n. 3		**Prova n. 4**	
1	D	1	B
2	C	2	D
3	B	3	A
4	B	4	C
5	A	5	A
6	D	6	C
7	A	7	A
8	C	8	B
9	B	9	A
10	A	10	C
11	D		
12	B		
13	C		
14	B		
15	D		

78

LIVELLO DUE - B2

Sessione DICEMBRE 2006

Certificazione
di Italiano come Lingua Straniera

Criteri di attribuzione dei punteggi

Criteri di attribuzione dei punteggi - livello DUE - B2

TEST DI ASCOLTO

Prova n. 1
Dettato
Punteggio massimo: **punti 6**
I punti saranno così assegnati:
punti 6: fino a un massimo di 1 errore di ortografia;
punti 5: fino a un massimo di 3 errori di ortografia;
punti 4: fino a un massimo di 6 errori di ortografia;
punti 3: fino a un massimo di 10 errori di ortografia;
punti 2: fino a un massimo di 14 errori di ortografia;
punti 1: fino a un massimo di 20 errori di ortografia.
Una parola non capita o omessa equivale a 3 errori di ortografia.
Tre errori di punteggiatura equivalgono a 1 errore di ortografia.

Prova n. 2
Test a scelta multipla composto da 7 item
Punteggio massimo: **punti 7**
I punti saranno così assegnati:
punti 1: per ogni risposta esatta;
punti 0: per ogni risposta sbagliata o omessa.

Prova n. 3
Test a individuazione di informazioni composto da 7 item
Punteggio massimo: **punti 7**
I punti saranno così assegnati:
punti 1: per ogni risposta esatta;
punti 0: per ogni risposta omessa;
punti –0,5: per ogni risposta sbagliata.

Punteggio totale del test di ascolto: **punti 20**

TEST DI COMPRENSIONE DELLA LETTURA

Prova n. 1
Test a scelta multipla composto da 7 item
Punteggio massimo: **punti 7**
I punti saranno così assegnati:
punti 1: per ogni risposta esatta;
punti 0: per ogni risposta sbagliata o omessa.

Prova n. 2
Test a individuazione di informazioni composto da 7 item
Punteggio massimo: **punti 7.**
I punti saranno così assegnati:
punti 1: per ogni risposta esatta;
punti 0: per ogni risposta omessa;
punti -0,5: per ogni risposta sbagliata.

Prova n. 3
Test a ricostruzione composto da 10 item
Punteggio massimo: **punti 6**
I punti saranno così assegnati:
punti 0,6: per ogni legame ricostruito in modo consequenziale;
punti 0: per ogni legame ricostruito in modo non consequenziale o omesso.

Punteggio totale del test di comprensione lettura: **punti 20**

Criteri di attribuzione dei punteggi - livello DUE - B2

TEST DI ANALISI DELLE STRUTTURE DI COMUNICAZIONE

Prova n. 1
Test a completamento composto da 24 item
Punteggio massimo: **punti 6**
I punti saranno così assegnati:
punti 0,25:   per ogni risposta esatta;
punti 0:   per ogni risposta sbagliata o omessa.

Prova n. 2
Test a completamento composto da 20 item
Punteggio massimo: **punti 6**
I punti saranno così assegnati:
punti 0,3:   per ogni risposta esatta;
punti 0:   per ogni risposta sbagliata o omessa.

Prova n. 3
Test lessicale a completamento composto da 15 item
Punteggio massimo: **punti 6**
I punti saranno così assegnati:
punti 0,4:   per ogni risposta esatta;
punti 0:   per ogni risposta sbagliata o omessa.

Prova n. 4
Test a scelta multipla composto da 10 item
Punteggio massimo: **punti 6**
I punti saranno così assegnati:
punti 0,6:   per ogni risposta esatta;
punti 0:   per ogni risposta sbagliata o omessa.

81

Punteggio grezzo massimo = 24 - il punteggio totale del candidato verrà riportato alla scala 20 attraverso la seguente proporzione: **20: 24 = x: punteggio grezzo del candidato (coeff.: 0,83).**

PRODUZIONE SCRITTA

Prova n. 1
Prova a tema (120 - 140 parole)
Punteggio massimo: **punti 10**
I punti saranno così assegnati:
a) efficacia comunicativa: **fino a punti 4;**
b) correttezza morfosintattica: **fino a punti 3,5;**
c) adeguatezza e ricchezza lessicale: **fino a punti 1,5;**
d) ortografia e punteggiatura: **fino a punti 1.**

Prova n. 2
Prova a tema (80 - 100 parole)
Punteggio massimo: **punti 10**
I punti saranno così assegnati:
a) adeguatezza e completezza di contenuto: **fino a punti 2;**
b) efficacia comunicativa: **fino a punti 2;**
c) registro/adeguatezza stilistica: **fino a punti 1;**
d) correttezza morfosintattica: **fino a punti 3;**
e) adeguatezza e ricchezza lessicale: **fino a punti 1;**
f) ortografia e punteggiatura: **fino a punti 1.**

Punteggio totale del test di produzione scritta: **punti 20**

Criteri di attribuzione dei punteggi - livello DUE - B2

PRODUZIONE ORALE

Prova n. 1
Interazione faccia a faccia
Punteggio massimo: **punti 10**
I punti saranno così assegnati:
a) efficacia comunicativa: **fino a punti 4;**
b) correttezza morfosintattica: **fino a punti 3;**
c) adeguatezza e ricchezza lessicale: **fino a punti 2;**
d) pronuncia e intonazione: **fino a punti 1.**

Prova n. 2
Parlato faccia a faccia monodirezionale
Punteggio massimo: **punti 10**
I punti saranno così assegnati:
a) efficacia comunicativa: **fino a punti 4;**
b) correttezza morfosintattica: **fino a punti 3;**
c) adeguatezza e ricchezza lessicale: **fino a punti 2;**
d) pronuncia e intonazione: **fino a punti 1.**

Punteggio totale del test di produzione orale: **punti 20**

82

LIVELLO DUE - B2

Sessione GIUGNO 2007

Test di ascolto
Numero delle prove 3

Ascolto – Prova n. 1

Dettato. DEVI SCRIVERE IL TESTO NEL 'FOGLIO DELL'ASCOLTO - PROVA N. 1 - DETTATO'.

84

Ascolto – Prova n. 2

Ascolta il testo: è un'intervista radiofonica. Poi completa le frasi. Scegli una delle quattro proposte di completamento che ti diamo per ogni frase. Alla fine del test di ascolto, DEVI SCRIVERE LE RISPOSTE NEL 'FOGLIO DELLE RISPOSTE'.

1. **Il progetto di didattica museale del nuovo Museo delle Arti del XXI secolo di Roma offre agli studenti l'opportunità di**
   A) conoscere itinerari artistici alternativi rispetto a quelli scolastici.
   B) svolgere attività di tirocinio nei maggiori musei italiani.
   C) integrare e ampliare i percorsi formativi scolastici e universitari.
   D) incontrare personalmente alcuni esponenti dell'arte contemporanea.

2. **Il progetto di didattica museale si articola in**
   A) attività laboratoriali.
   B) lezioni frontali.
   C) cicli di seminari.
   D) serie di conferenze.

3. **Il progetto di didattica museale si propone di**
   A) incoraggiare gli studenti a visitare i musei.
   B) migliorare la capacità espressiva degli studenti.
   C) fornire agli studenti una solida preparazione artistica.
   D) far conoscere agli studenti l'arte contemporanea.

4. **Le attività didattiche organizzate per le scuole permettono di riflettere**
   A) sulla diversità della ricerca e delle tecniche nella pittura e nell'architettura.
   B) sulle caratteristiche di opere d'arte rappresentative nella storia della pittura.
   C) sui maggiori movimenti artistici e culturali presenti oggi in Italia.
   D) sulla realizzazione della prospettiva nelle diverse epoche storiche.

5. **Durante gli incontri al museo gli studenti imparano a**
   A) riprodurre forme architettoniche attraverso modelli di cartone.
   B) stendere la relazione tecnica di un intervento di ristrutturazione.
   C) progettare al computer la costruzione di un città moderna.
   D) costruire opere d'arte con materiali di riciclaggio come la carta.

6. **Le attività didattiche prevedono anche la possibilità di**
   A) partecipare attivamente alla costruzione di alcuni edifici.
   B) visionare progetti edili di architetti famosi.
   C) assistere alle fasi di costruzione di alcuni edifici.
   D) sperimentare nuove tecniche di costruzione.

7. **Per partecipare al progetto gli studenti interessati possono**
   A) recarsi direttamente alla sede del museo.
   B) riempire il modulo disponibile presso la propria scuola.
   C) inviare un fax alla direzione generale del museo.
   D) prenotarsi sul sito internet del museo.

85

Ascolto – Prova n. 3

Ascolta il testo: è una trasmissione radiofonica. Poi leggi le informazioni. Scegli le informazioni presenti nel testo. Alla fine del test di ascolto, **DEVI SCRIVERE LE RISPOSTE NEL 'FOGLIO DELLE RISPOSTE'**.

1. La presentazione del "corso per attore" è avvenuta presso il teatro San Giorgio di Bergamo.

2. La Regione Lombardia è l'ente che organizza il "corso per attore".

3. Il corso si propone di fornire una preparazione di base in ambito teatrale.

4. Il corso ha una durata triennale.

5. Durante il primo anno i corsisti apprendono i principali elementi teorici e pratici, ma non si esercitano nella recitazione.

6. Nel secondo anno i corsisti seguono materie specialistiche.

7. Durante il terzo anno i corsisti curano la messa in scena di uno spettacolo teatrale sia per quanto riguarda la recitazione sia per tutti gli aspetti tecnici.

8. Le rappresentazioni dello spettacolo si tengono presso il teatro San Giorgio di Bergamo.

9. Prima dell'iscrizione al "corso per attore" gli interessati devono superare una selezione.

10. Per iscriversi al corso è necessario avere raggiunto il 16° anno di età.

11. Il corso si propone di creare un gruppo di attori omogeneo dal punto di vista delle competenze.

12. Le materie e le tecniche apprese durante il corso possono servire come elemento di sostegno nello svolgimento di altre professioni.

13. La frequenza del corso è obbligatoria.

14. I corsisti possono scegliere di frequentare le lezioni o di mattina o di pomeriggio.

15. Per arricchire la propria preparazione i corsisti possono partecipare a incontri con studiosi e attori.

86

LIVELLO DUE - B2

Sessione GIUGNO 2007

Tempo a disposizione 50 minuti

Test di comprensione della lettura

Numero delle prove 3

Leggi il testo.

LIBRI E VIAGGI, AUTO E CASE:
LA RIVOLUZIONE DEL VIVERE GRATIS

La stagione dei saldi nei negozi o le offerte del tre per due nei supermercati sono diventate uno strumento promozionale ormai vecchio. La civiltà dei consumi apre una nuova frontiera: la vita gratis. Quello che sembrava una cosa irrealizzabile, infatti, oggi è quasi una realtà: con un po' di ingegno e di spirito d'adattamento vivere senza mettere mano al portafoglio è meno difficile di quanto si pensa.

Prendiamo il problema dell'alloggio. Mettersi un tetto sulla testa gratis in giro per il mondo è forse una delle cose più semplici. Sulla rete ci sono decine di siti attivi solo per questo scopo. Le regole sono semplici. Si offre un posto letto – al limite anche un giardino dove piantare la tenda – nella propria abitazione a viaggiatori di passaggio che ne hanno la necessità. E in cambio si ottiene ospitalità dai membri del club in qualsiasi parte del mondo. La durata e il metodo di soggiorno dipendono solo dal buon senso del padrone di casa e dall'ospite.

Un altro campo dove è possibile vivere gratis è quello del viaggio. Una volta c'era solo l'autostop. Ora i servizi gratuiti sono aumentati. Micheal O' Leary, numero uno della compagnia aerea Ryanair, famoso per aver diminuito i costi dei viaggi aerei, promette fra cinque anni di offrire addirittura il 50% dei biglietti aerei gratis, grazie alle cifre che la sua compagnia aerea guadagna con i servizi accessori: dalla vendita di posti letto a quella delle auto a noleggio, fino al cibo e alle bevande di bordo.

Ancora più interessante è un fenomeno che è nato negli Usa: l'auto gratis. Molte aziende regalano la vettura a gente che garantisce un minimo di percorrenza ogni anno e non ha riportato multe e incidenti nell'ultimo anno. Le aziende pagano assicurazione e manutenzione. L'unico difetto è che sulla carrozzeria dell'auto si trovano i disegni pubblicitari e le scritte del donatore. Ma è un buon modo per risparmiare. Gli elenchi di queste offerte si trovano a poco prezzo presso alcuni fornitori di servizi.

L'evoluzione delle tecnologie e la diminuzione del costo del lavoro hanno trasformato in gratuiti anche altri servizi che fino ad oggi erano a pagamento. La pubblicità permette di sostenere la *freepress*, cioè i quotidiani che si trovano gratis nelle città italiane. In rete si può mettere su casa senza spendere un euro e ricevere in tempo reale posta, documenti e comunicazioni. Le ricerche su molti motori di ricerca sono a costo zero. Diverse compagnie telefoniche sostengono che anche il servizio di telefonia on-line in tempi brevi può diventare gratuito.

Sul web si trovano ancora gratis in diretta le partite di calcio della Serie A che da casa costano invece molto.

Un altro lato del gratuito sono le offerte del mondo della solidarietà, nate per combattere la schiavitù del denaro e del consumo. Anche in questo campo l'offerta è altissima. In pratica si tratta di una rete di gruppi locali no profit in cui si offrono gratis oggetti di ogni tipo, dai mobili alle tv alle auto, di cui non si ha più bisogno. Il modello è già sbarcato in Europa. A Parigi funziona regolarmente un mercatino di pulci in cui si regalano oggetti, che ha recentemente esportato la sua esperienza anche a Palermo. E nella rete cresce anche il fenomeno dello scambio gratuito di libri tra lettori di tutto il mondo. Insomma, per vivere gratis dobbiamo ancora fare qualche passo, ma per molti aspetti della vita il terzo millennio ha già trovato buone soluzioni.

Comprensione della lettura – Prova n. 1

Completa le frasi. Scegli una delle quattro proposte di completamento che ti diamo per ogni frase.
DEVI SCRIVERE LE RISPOSTE NEL 'FOGLIO DELLE RISPOSTE'.

1. **Per avere un alloggio gratis è necessario offrire in cambio su internet**
   A) il proprio aiuto per sistemare il giardino.
   B) un posto letto nella propria casa.
   C) un aiuto per i lavori domestici.
   D) il racconto delle proprie esperienze di viaggio.

2. **Il padrone di casa e l'ospite**
   A) possono accordarsi liberamente sulle modalità del soggiorno.
   B) devono rispettare regole di comportamento ben precise.
   C) devono firmare un contratto che indichi la durata del soggiorno.
   D) possono scrivere in rete un resoconto del soggiorno.

3. **Secondo Michael O' Leary, i viaggiatori tra qualche anno potranno viaggiare gratis in aereo, perché le compagnie aeree**
   A) risparmieranno sul costo del personale di bordo.
   B) elimineranno i servizi di ristorazione a bordo.
   C) guadagneranno con i servizi aggiuntivi a bordo.
   D) diminuiranno la qualità dei servizi a bordo.

4. **Le persone che vogliono ottenere un'auto gratis devono**
   A) garantire ogni anno la manutenzione dell'auto che ricevono presso i concessionari indicati.
   B) pagare le spese di assicurazione dell'auto comprensive di furto e incendio.
   C) dimostrare di avere bisogno dell'auto per lavoro e di non avere un'altra auto in famiglia.
   D) percorrere un certo numero di chilometri e non aver avuto incidenti nell'ultimo anno.

5. **Sulle auto in regalo si trovano**
   A) frasi famose.
   B) disegni di autore.
   C) avvisi pubblici.
   D) pubblicità di aziende.

6. **Molte ditte in Italia pubblicizzano la loro immagine e danno la possibilità ai cittadini di**
   A) acquistare su internet a prezzi ridotti.
   B) leggere gratis alcuni quotidiani.
   C) vincere viaggi premio con alcuni prodotti.
   D) partecipare a concorsi su giornali.

7. **Il nuovo modello di offerta che si trova su internet permette anche di**
   A) affittare per brevi periodi automobili seminuove.
   B) acquistare a prezzi bassi oggetti di valore.
   C) trovare gratuitamente cose usate che ad altri non servono più.
   D) effettuare donazioni in denaro per scopi benefici.

89

90

CURE GARANTITE DURANTE LE LEZIONI
Nuove regole per agevolare gli studenti che devono prendere medicine

Da un banale sciroppo per la tosse o un antibiotico fino a terapie più impegnative come per la cura delle malattie croniche: è frequente il caso di un bambino o un adolescente che deve prendere medicine durante le ore in cui è a scuola, soprattutto quando frequenta la scuola "a tempo pieno" che fa rimanere i bambini lontano da casa per molte ore.

Fino a poco tempo fa non esisteva alcuna disposizione nazionale sull'argomento. In pratica la scuola, una volta scomparsa la figura del medico scolastico, non aveva nessun obbligo di assumersi questa responsabilità, e se lo faceva, ciò accadeva solo per venire incontro alle esigenze degli alunni e delle famiglie e sulla base di una disponibilità volontaria del personale scolastico.

Oggi in virtù di una raccomandazione congiunta del Ministero dell'Istruzione e del Ministero della Salute, del dicembre scorso, si è cercato di conciliare, anche sotto questo aspetto, diritto allo studio e diritto alla salute.

La raccomandazione ministeriale definisce le regole per le scuole, i genitori, le istituzioni sanitarie regionali e locali, le associazioni di volontariato, i pediatri di famiglia e, nel caso delle scuole superiori, i rappresentanti degli studenti.

Alla raccomandazione ministeriale devono attenersi le scuole di ogni ordine e grado, sia pure nel rispetto della loro autonomia. Secondo la raccomandazione ministeriale i genitori degli alunni devono richiedere formalmente la somministrazione di farmaci in orario scolastico attraverso un certificato medico che attesti lo stato di malattia dello studente e specifichi i farmaci che deve prendere. Il certificato deve inoltre indicare le modalità di conservazione dei farmaci, modi e tempi di somministrazione, dosi. La scuola deve soddisfare questa richiesta, ma devono esserci determinate condizioni. Innanzi tutto la scuola deve avere delle autorizzazioni specifiche dell'Azienda Sanitaria Locale (Asl). La scuola deve inoltre individuare un luogo nella scuola adatto per conservare e dare i farmaci agli studenti. Deve permettere ai genitori o persone di loro fiducia di entrare nella scuola e dare il farmaco allo studente e, se i genitori non possono fare questo, deve verificare la disponibilità degli insegnanti o del personale scolastico che però devono aver seguito corsi di pronto soccorso. Se nella scuola non ci sono stanze adatte o personale disponibile, è possibile fare accordi con associazioni di volontariato per garantire il servizio. Se la scuola non può garantire questo servizio deve comunicarlo e deve anche dare una motivazione ai genitori e al sindaco del Comune.

I tipi di farmaci che gli studenti non possono aspettare di prendere al loro rientro a casa sono farmaci necessari per eventuali crisi acute o per cure di mantenimento come quelli contro l'asma, oppure farmaci come gli antibiotici che funzionano solo se si rispetta un determinato orario di somministrazione, oppure farmaci che hanno una funzione legata ai pasti.

Comprensione della lettura – Prova n. 2

Leggi le informazioni. Scegli le informazioni presenti nel testo. DEVI SCRIVERE LE RISPOSTE NEL 'FOGLIO DELLE RISPOSTE'.

1. Fino allo scorso dicembre era vietato agli studenti prendere qualsiasi tipo di medicina durante l'orario scolastico.

2. I Ministeri dell'Istruzione e della Salute hanno stabilito regole che garantiscono allo studente il diritto allo studio senza trascurare la salute.

3. La raccomandazione ministeriale stabilisce che in tutte le scuole deve essere presente un medico scolastico.

4. La raccomandazione ministeriale è rivolta alle scuole dell'infanzia e alle scuole primarie.

5. I genitori che chiedono di dare medicine al proprio figlio devono presentare alla scuola un certificato medico.

6. I genitori devono dire al personale scolastico quando loro figlio deve prendere le medicine e in quale quantità.

7. La scuola può accogliere la richiesta di dare farmaci ad uno studente durante l'orario scolastico solo dopo aver ricevuto l'autorizzazione dall'ASL.

8. Gli studenti possono tenere in classe le medicine che devono prendere.

9. Se uno studente deve curarsi durante l'orario scolastico, la scuola permette ai suoi genitori di andare a dargli le medicine.

10. La scuola può autorizzare persone di associazioni di volontariato ad entrare a scuola per dare le medicine agli studenti.

11. Gli insegnanti e le persone che lavorano nella scuola non possono far prendere le medicine agli studenti.

12. La raccomandazione ministeriale stabilisce che tutto il personale scolastico deve frequentare un corso di pronto soccorso.

13. Se la scuola non può dare la possibilità agli studenti di prendere i farmaci durante l'orario scolastico, deve dare spiegazioni ai genitori.

14. Se la scuola, in base alla sua autonomia, decide di respingere le richieste di dare medicine agli studenti durante l'orario scolastico, i genitori possono rivolgersi al sindaco.

15. Le medicine che gli studenti possono prendere durante l'orario scolastico sono quelle che hanno un preciso orario di assunzione o che sono legate ai pasti.

91

Comprensione della lettura – Prova n. 3

Leggi il testo. Il testo è diviso in 11 parti. Le parti non sono in ordine. Ricostruisci il testo. Scrivi il numero d'ordine accanto a ciascuna parte. DEVI SCRIVERE LE RISPOSTE NEL 'FOGLIO DELLE RISPOSTE'.

INCONTRO RAVVICINATO CON UNA VOLPE

1 **A.** **Un giovane trentenne del Monte Amiata aveva parcheggiato la sua auto per prendere l'autobus per Arezzo.**

B. I medici hanno deciso di chiamare la Guardia Forestale del Monte Amiata per informare della presenza di questa volpe nei boschi circostanti.

C. Il giovane, quando è arrivato ad Arezzo, prima di andare sul posto di lavoro, è andato al Pronto Soccorso per farsi medicare la ferita.

D. All'improvviso, però, la volpe, forse per la paura, ha dato un morso alla mano del giovane che ha cominciato a correre impaurito.

E. Per fortuna è arrivato subito l'autobus e il giovane è salito velocemente. Ha raccontato agli altri passeggeri che cosa gli era capitato.

F. Però il giovane ha smentito la supposizione dei medici e ha raccontato che cosa realmente era successo.

G. Il giovane è rimasto stupefatto perché le volpi sono animali selvatici ed era strano il comportamento affettuoso dell'animale.

H. I medici del Pronto Soccorso, in un primo momento, hanno pensato che il giovane fosse un cacciatore.

I. I passeggeri dell'autobus hanno prestato al giovane dei fazzolettini di carta per medicare la ferita della mano.

J. La Guardia Forestale ha controllato tutti i boschi intorno al Monte Amiata, ma non è riuscita a trovare la volpe. Forse si è nascosta in qualche caverna o tana.

K. Mentre il giovane si avvicinava alla fermata dell'autobus, una piccola volpe gli è andata incontro e ha incominciato a girargli intorno alle gambe.

92

LIVELLO DUE - B2

Sessione GIUGNO 2007

Tempo a disposizione 1 ora

Test di analisi delle strutture di comunicazione

Numero delle prove 4

cils

Analisi delle strutture di comunicazione – Prova n. 1

Completa il testo con gli aggettivi e i pronomi. DEVI SCRIVERE LE RISPOSTE NEL 'FOGLIO DELLE RISPOSTE'.

LA ___mia___ NUOVA CASA
(0)

Dal momento in cui _____ sono iscritta al master dell'Università di Roma, ho cominciato a cercare
(1)

una stanza dove poter stare durante il corso. Infatti per _____ è troppo stressante fare la
(2)

pendolare, anche soltanto per la perdita di tempo del viaggio di andata e ritorno fra Latina e Roma. Oggi

sono andata a vedere una stanza, è molto carina e ho deciso di prender_____. La stanza
(3)

_____ l'ha trovata Roberto, un _____ compagno dell'università. Roberto è
(4)   (5)

una persona talmente disponibile che è sorprendente il _____ continuo aiutarmi ed offrirsi di
(6)

far _____! Da quando _____ conosco, Roberto si è sempre dimostrato una persona
(7)   (8)

estremamente gentile. _____ telefona spesso per sapere come sto, come va la vita, come sono
(9)

andati gli esami... Qualche volta penso che si sia innamorato di _____. A _____ dire,
(10)   (11)

fa tutto questo per la stima e l'affetto che prova nei _____ confronti! E così Roberto si è dato da
(12)

fare anche per la ricerca della casa. Dunque la stanza è bella, grande, con dei mobili molto belli. L'unico

difetto, se proprio se _____ vuole trovare uno, è la proprietaria della casa, con la quale dovrò
(13)

convivere. È una signora anziana... molto anziana! Invece l'aspetto positivo, che _____ ha
(14)

prospettato Roberto, è che nella porta accanto abita una coppia di _____ amici, che spesso
(15)

_____ danno ospitalità quando va a Roma. Così nelle _____ intenzioni c'è quella di
(16)   (17)

farmi socializzare con _____ e fare nuove amicizie a Roma! Gli amici di Roberto sono giovani e
(18)

simpatici: la moglie è un tipo divertente, pronta a prendere in giro tutti e tutto, anche _____
(19)

stessa, il marito invece è un musicista, che sembra vivere fra le nuvole, e per questo la moglie

_____ critica continuamente. A giudicare dal _____ aspetto un po' trascurato e dal
(20)   (21)

caos che regna nella casa si direbbe che non sono proprio delle persone raccomandabili, in realtà dopo che

_____ ho conosciuti un po' meglio ho scoperto che sono persone interessanti e molto ricche dal
(22)

punto di vista interiore. Una delle prime sere che ero a Roma _____ hanno proposto di andare a
(23)

mangiare una pizza insieme: abbiamo mangiato e chiacchierato fino a tardi dei _____ progetti
(24)

come se fossimo stati vecchi amici.

Analisi delle strutture di comunicazione – Prova n. 2

Completa il testo con le forme giuste dei verbi che sono tra parentesi. DEVI SCRIVERE LE RISPOSTE NEL 'FOGLIO DELLE RISPOSTE'.

A ROMA DA SOLA

(essere) _____Era_____ (0) un lunedì d'estate, e io *(camminare)* _____ (1) a Roma sola soletta in una

città afosa e che non *(conoscere)* _____ (2) quasi per niente, ad eccezione di alcune vie del centro. Io

(dovere) _____ (3) andare in Piazza Cavour, ma non *(avere)* _____ (4) la minima idea di dove

si *(trovare)* _____ (5) . Gentilmente l'impiegata della reception dell'albergo mi *(offrire)*

_____ (6) la mappa della capitale. Forse in questa maniera *(essere)* _____ (7) più semplice

arrivare a destinazione senza il pericolo di perdersi. Invece non *(andare)* _____ (8) proprio come mi

(immaginare) _____ (9) . Dopo due ore circa che *(girovagare)* _____ (10) per lungo e per largo,

la mia destinazione *(sembrare)* _____ (11) essere ancora parecchio lontana. Così *(decidere)*

_____ (12) di pranzare in una trattoria tipica romana. *(chiedere)* _____ (13) al proprietario se

per caso *(conoscere)* _____ (14) Piazza Cavour e lui molto gentilmente mi *(rispondere)* _____ (15)

che praticamente mi ci *(trovare)* _____ (16) . Che fortuna, mi *(dire)* _____ (17) , a forza di andare

avanti e indietro *(rintracciare)* _____ (18) la piazza, incredibile! *(salutare)* _____ (19) il padrone

della trattoria e mi *(dirigere)* _____ (20) al luogo dell'appuntamento.

95

Completa il testo. Scegli una delle proposte di completamento che ti diamo. **DEVI SCRIVERE LE RISPOSTE NEL 'FOGLIO DELLE RISPOSTE'.**

VODAFONE E DISNEY LANCIANO IL TELEFONINO PER BAMBINI

Si chiama Primofonino e già il nome è tutto un _programma_ (0). Si tratta di un telefono che Vodafone e Disney hanno realizzato insieme. È indirizzato alla _____ (1) dei giovanissimi ma, soprattutto, risponde alle crescenti _____ (2) di sicurezza e di controllo dei genitori.

Paolo Bartoluzzo, direttore generale di Vodafone Italia, afferma che non si tratta di una grande _____ (3) economica, ma della scelta di rispondere a _____ (4) bisogni dei genitori.

In Italia ci sono 3 milioni di famiglie con figli di età _____ (5) tra gli 8 e i 13 anni e il 50% di questi ragazzi _____ (6) un telefonino. I genitori, insomma, anticipano sempre di più il _____ (7) in cui danno ai figli un cellulare e motivano questa scelta con il bisogno di poter rintracciare i ragazzi e con il bisogno di controllo e sicurezza. Ma i _____ (8) che trovano sono gli stessi che sono destinati agli adulti, cellulari che possono _____ (9) in internet, privi di qualsiasi limitazione. Non a caso, la stessa Comunità Europea ha aperto, tempo fa, una consultazione sull'_____ (10) dei cellulari da parte dei bambini e ha invitato i gestori della telefonia mobile a sviluppare _____ (11) in grado di garantire una maggiore tutela e di salvaguardare la loro sicurezza.

Il Primofonino di Vodafone è una risposta a questo invito. Attualmente l'Italia è l'unico _____ (12) ad aver portato avanti l'iniziativa. Il telefono offre la _____ (13) di bloccare le chiamate e gli SMS e ha funzioni volutamente limitate: non _____ (14), ad esempio, di usare internet o di accedere a servizi multimediali, come le chat. Questa caratteristica evita di spendere _____ (15) troppo elevate in servizi on-line.

96

Analisi delle strutture di comunicazione – Prova n. 3

0.	⊠A) programma	B) manifesto	C) cartellone	D) proposito
1.	A) fascia	B) squadra	C) compagnia	D) zona
2.	A) chiamate	B) voglie	C) necessità	D) risposte
3.	A) presentazione	B) iniziativa	C) vendita	D) decisione
4.	A) singolari	B) speciali	C) specifici	D) tipici
5.	A) compresa	B) contenuta	C) racchiusa	D) trattenuta
6.	A) controlla	B) possiede	C) conserva	D) tiene
7.	A) momento	B) tempo	C) secondo	D) minuto
8.	A) campioni	B) modelli	C) mezzi	D) modi
9.	A) navigare	B) circolare	C) correre	D) viaggiare
10.	A) esercizio	B) uso	C) applicazione	D) abitudine
11.	A) merci	B) mercati	C) prodotti	D) risultati
12.	A) territorio	B) luogo	C) posto	D) paese
13.	A) facilità	B) possibilità	C) qualità	D) disponibilità
14.	A) ammette	B) cerca	C) permette	D) accetta
15.	A) cifre	B) numeri	C) quantità	D) misure

97

Analisi delle strutture di comunicazione – Prova n. 4

Scegli per ogni espressione una delle quattro situazioni di comunicazione che ti diamo. DEVI SCRIVERE LE RISPOSTE NEL 'FOGLIO DELLE RISPOSTE'.

1. **Gentili Signori, sono interessato al vostro corso di pittura. Mi potete dare maggiori informazioni? Grazie Andrea Vanni.**
   B) Scrivi un messaggio di posta elettronica per chiedere informazioni su un corso di pittura pubblicato su internet.
   A) Chiedi a un tuo amico notizie sul corso di pittura che frequenta.
   C) All'edicola chiedi informazioni sul corso di pittura a fascicoli di prossima pubblicazione.
   D) Scrivi la domanda di iscrizione per tuo figlio alla segreteria dell'Istituto d'arte.

2. **Risponde la ditta "Pronto idraulico". In questo momento siamo fuori sede. Lasciate il vostro nome, telefono ed indirizzo per segnalare qualsiasi tipo di guasto e vi richiameremo. Per le urgenze potete chiamare il numero 327 333000888.**
   A) È la pubblicità radiofonica dei servizio che offre una ditta di idraulica.
   B) È il messaggio registrato nella segreteria telefonica di una ditta di idraulica.
   C) È quello che dice la segretaria di una ditta di idraulica quando risponde ad una telefonata.
   D) È la comunicazione che l'idraulico lascia nella tua segreteria telefonica per il suo intervento.

98

3. **Ciao a tutti! Vi mando questo messaggio per dirvi che parto per l'Olanda. Comunque ritornerò fra una settimana. Baci Silvia.**
   A) È un messaggio di posta elettronica che scrivi ai tuoi amici per informarli che sarai all'estero per una settimana.
   B) È una cartolina che scrivi ai tuoi colleghi di lavoro durante una vacanza in Olanda.
   C) È la richiesta di una settimana di ferie che scrivi al tuo direttore per fare una vacanza in Olanda.
   D) È il messaggio che lasci ai tuoi compagni di appartamento per avvertirli della tua improvvisa partenza.

4. **Cara Anna,**
   ti faccio i miei più sinceri auguri per il tuo matrimonio. Spero che la tua vita futura sia felice e serena come questo giorno,
   Paola.
   A) È un biglietto di invito al matrimonio di una tua amica.
   B) È un biglietto di congratulazioni per una tua amica che si sposa.
   C) È un biglietto di auguri per le nozze della dirigente del tuo ufficio.
   D) È un biglietto di ringraziamento per il regalo ricevuto per le nozze.

5. **Hai un nuovo messaggio nella segreteria telefonica. Digita 1 se vuoi ascoltare il messaggio, digita 3 se lo vuoi riascoltare, digita 5 per cancellarlo.**
   A) È il messaggio che lasci nella segreteria telefonica del tuo amico.
   B) È il messaggio registrato nella segreteria di un tuo amico che senti quando lui non c'è.
   C) È il messaggio con cui la compagnia telefonica ti segnala un nuovo messaggio in segreteria.
   D) È il messaggio che senti se chiami il servizio informazioni della tua compagnia telefonica.

6. **Ho intenzione di organizzare una gita a Napoli il mese prossimo. Se siete interessati scrivete il vostro nome su questo modulo alla fine della lezione.**
   A) L'insegnante di tuo figlio ti invia la comunicazione relativa alla gita scolastica a Napoli.
   B) La tua collega ti racconta della sua gita a Napoli.
   C) La tua insegnante di lingua italiana ti avverte che organizzerà una gita di fine corso a Napoli.
   D) I tuoi colleghi ti comunicano la loro intenzione di andare in ferie a Napoli.

7. **Cercasi baby sitter disponibile a trasferirsi al mare per occuparsi di un bambino di 3 anni.**
   A) È un annuncio per un posto di commessa in un negozio di abbigliamento per l'infanzia.
   B) È un avviso per cercare animatori per bambini per villaggi turistici.
   C) È un avviso per trovare una collaboratrice domestica disposta a trasferirsi.
   D) È un annuncio per un posto di baby sitter disposta a trasferirsi in una località balneare.

8. **Affitto all'Isola d'Elba villetta sul mare nel mese di giugno. Per informazioni chiamare la sera al numero 050-36437.**
   A) È un annuncio di un'agenzia immobiliare per affittare un appartamento.
   B) È un annuncio di un privato che vuole affittare il suo appartamento.
   C) È una pubblicità alla radio nella rubrica degli affitti e delle vendite.
   D) È uno slogan pubblicitario che viene trasmesso alla televisione.

9. **Ecco il menù, mi permette di consigliarle il piatto del giorno?**
   A) In un ristorante ti lamenti con il cameriere perché è molto che aspetti.
   B) Ad una festa del paese un cuoco prepara piatti tradizionali della zona.
   C) In un ristorante il cameriere ti consiglia il piatto del giorno.
   D) In un corso di cucina lo chef consiglia il piatto da cucinare.

10. **Signora, lei ha parcheggiato la sua auto in divieto di sosta. È in contravvenzione.**
   A) Un signore avverte una signora di fare attenzione a come ha parcheggiato l'auto.
   B) Una signora avverte la questura che c'è un auto parcheggiata in divieto di sosta.
   C) Un vigile urbano multa una signora perché ha parcheggiato in divieto di sosta.
   D) Una signora informa un vigile urbano che c'è un'auto in divieto di sosta davanti a casa.

LIVELLO DUE - B2

Sessione GIUGNO 2007

Tempo a disposizione 1 ora e 10 minuti   <u>101</u>

Test di produzione scritta

Numero delle prove 2

Produzione scritta – Prova n. 1

Parla del programma televisivo che preferisci. Spiega perché ti piace. Devi scrivere da 120 a 140 parole.
DEVI SCRIVERE IL TESTO NEL 'FOGLIO DELLA PRODUZIONE SCRITTA - PROVA N. 1'.

102

Produzione scritta – Prova n. 2

Su internet hai trovato un sito dove si possono scambiare oggetti usati. Uno di questi annunci propone la collezione completa dei tuoi fumetti preferiti. Rispondi all'annuncio:
- chiedi informazioni sulla collezione che l'annuncio propone,
- proponi un prodotto per lo scambio,
- inserisci la descrizione del prodotto che vuoi scambiare,
- chiedi informazioni sulle spese e le modalità di consegna.
Devi scrivere da 80 a 100 parole. DEVI SCRIVERE IL TESTO NEL 'FOGLIO DELLA PRODUZIONE SCRITTA - PROVA N. 2'.

103

Certificazione di **Italiano** come **Lingua Straniera** | **Giugno 2007**

LIVELLO DUE - B2

Test di Produzione orale

Il test di produzione orale comprende due prove ed è individuale.

Le prove orali devono essere interamente registrate su CD. Alla fine degli esami le registrazioni verranno inviate in originale all'Università per Stranieri di Siena per la valutazione.

Le prove dei singoli candidati verranno registrate in successione sullo stesso CD. L'esaminatore dovrà:

- verificare il funzionamento delle apparecchiature con una breve registrazione di prova;
- far firmare il candidato nel foglio delle prove orali;
- registrare sul CD, prima dell'inizio delle prove, il nome, il cognome e il numero di matricola del candidato;
- verificare, prima di congedare il candidato, che le prove siano state registrate;
- scrivere sulla copertina dei CD la sede e il livello, e i nomi dei candidati nell'ordine registrazione;
- nominare i file audio con il numero di matricola del candidato.

Si avverte che le prove dei candidati non correttamente identificati <u>non potranno essere valutate</u>.

Obiettivo del test è ottenere del materiale per verificare la capacità di parlato in lingua italiana. Pertanto è opportuno che l'argomento che serve da input non costituisca un ostacolo alla produzione.

Prova n. 1

La prova ha le caratteristiche di una conversazione faccia a faccia. Il candidato dovrà fare un dialogo con l'esaminatore su uno dei seguenti argomenti:

- **vuoi organizzare una vacanza con un gruppo di amici: parla della scelta del luogo e delle caratteristiche del soggiorno;**
- **un viaggio che hai fatto che ti ha particolarmente influenzato o un viaggio che non hai mai fatto e che desideri fare da tempo;**
- **se tu potessi scegliere un lavoro, quale ti piacerebbe fare?**
- **quali sono i difetti che non sopporti in un uomo/una donna?**

L'esaminatore farà scegliere al candidato uno degli argomenti. Successivamente darà l'avvio alla conversazione rivolgendo al candidato una prima domanda relativa all'argomento scelto e continuerà a sollecitare la conversazione rivolgendo altre domande sulla base delle risposte date dal candidato.

Durata della conversazione: *3-4 minuti circa.*

Prova n. 2

La prova ha le caratteristiche di un parlato faccia a faccia monodirezionale. L'esaminatore inviterà il candidato a parlare da solo su uno dei seguenti temi:

- **un episodio particolare (difficile, bello, comico, ecc.) della tua vita;**
- **un piatto tipico del tuo paese;**
- **la situazione dell'immagine n. 1;**
- **la situazione dell'immagine n. 2.**

Il candidato dovrà organizzare la propria esposizione senza l'aiuto dell'esaminatore, che potrà eventualmente intervenire per aiutare il candidato che abbia difficoltà a parlare.

Durata dell'esposizione: *2 minuti circa.*

1

106

2

LIVELLO DUE - B2

Sessione GIUGNO 2007

Certificazione
di Italiano come Lingua Straniera

Trascrizioni delle prove di Ascolto

Trascrizioni delle prove di Ascolto - livello DUE - B2

Ascolto. Prova numero uno

Apri il quaderno alla pagina della prova di ascolto numero uno.
Ascolta il testo. Dopo l'ascolto ti dettiamo il testo.
(Il testo viene letto per la prima volta)

LAUREATO: E ADESSO?

Il Centro per l'occupazione offre servizi di informazione e orientamento ai giovani universitari e ai neolaureati. Il servizio è rivolto a coloro che vogliono approfondire la loro formazione con la frequenza a corsi di perfezionamento, scuole di specializzazione o dottorati di ricerca, o a chi è interessato ad entrare nel mondo del lavoro attraverso attività di tirocinio. Il Centro offre anche colloqui di orientamento individuali su richiesta dell'interessato per sviluppare un progetto professionale. Il colloquio dura circa un'ora ed è necessario prendere un appuntamento.

Ascolta e scrivi. Ti dettiamo anche la punteggiatura: virgola, punto, punto e virgola, due punti, punto interrogativo, punto esclamativo.
(Il testo viene dettato)
Leggi e controlla quello che hai scritto. Hai due minuti di tempo.
(Il nastro scorre in silenzio per due minuti)
Ascolta di nuovo il testo e controlla quello che hai scritto.
(Il testo viene letto di nuovo. Dopo un breve stacco musicale inizia la prova numero due)

108

Ascolto. Prova numero due

Apri il quaderno alla pagina della prova di ascolto numero due.
Ascolta il testo. Sentirai il testo due volte.
(Il testo viene letto per la prima volta)

Buonasera a tutti da Luca Grandi. Il nuovo Museo delle Arti del XXI secolo di Roma si avvicina all'università. Intensa è l'attività didattica all'interno del museo per le scuole medie inferiori e superiori e soprattutto per gli universitari. Questa sera con noi la professoressa Margherita Guccione, direttore del Museo delle Arti del XXI secolo di Roma. Buonasera architetto Guccione.
- Buonasera.
- **In che cosa consiste il progetto di didattica museale?**
- La direzione del museo ha messo a punto questo progetto sperimentale che si affianca poi agli usuali percorsi formativi delle scuole anche dell'università: si tratta di fornire degli approfondimenti attraverso delle attività anche inusuali come i laboratori, gli workshop.
- **Quali sono gli obiettivi che vi proponete di raggiungere?**
- Mah, soprattutto avvicinare il pubblico ... no? di queste diverse fasce di età ai temi su cui il museo lavora: l'arte e l'architettura contemporanea, ecco comunque in generale l'espressione artistica in genere legata alle arti visive.
- **Quindi avete organizzato delle vere e proprie attività didattiche per le scuole e le università.**
- Sì, abbiamo pensato a delle attività che consistono in visite interattive del nostro museo di arte, ma organizziamo anche dei laboratori, soprattutto per le scuole medie inferiori e superiori, che permettono di mettere a punto una riflessione specifica su come è possibile passare dalle due dimensioni della pittura e della ricerca artistica alle dimensioni multiple, alla tridimensionalità dell'architettura.
- **Alla fine, questo progetto prevede la realizzazione di che cosa, da un punto di vista pratico, da parte dei partecipanti?**
- Beh, in questi laboratori i ragazzi producono per esempio dei plastici di cartone; attraverso tecniche di piegatura della carta, di incisione dei cartoncini si possono prefigurare queste forme che poi sono le forme che gli architetti contemporanei progettano per la città di oggi, anzi meglio per la città di domani. Ma la didattica è anche rivolta alla realtà della costruzione, visite in cantiere con macchine fotografiche digitali che permettono proprio di fissare i diversi processi costruttivi e permettono di far capire come l'architettura è l'esito di un processo complesso.
- **Dove possono prenotare gli studenti queste visite e laboratori?**
- È possibile farlo via internet o telefonicamente. Il museo è in via Guido Reni 2 a Roma. Tutte le informazioni si trovano anche sul sito della direzione del museo, www.maxxi.beniculturali.it.

Adesso hai un minuto di tempo per leggere la prova.
(Il nastro scorre in silenzio per un minuto)

Ascolta di nuovo il testo ed esegui la prova. Dopo l'ascolto hai due minuti di tempo per controllare le tue risposte.
(Il testo viene letto di nuovo. Poi il nastro scorre in silenzio per due minuti. Dopo un breve stacco musicale inizia la prova numero tre)

Ascolto. Prova numero tre

Apri il quaderno alla pagina della prova di ascolto numero tre.
Ascolta il testo. Sentirai il testo due volte.
(Il testo viene letto per la prima volta)

Buonasera a tutti da Alma Grandin, ben trovati a Radio Campus; la compagnia "Prova" di Bergamo, ha presentato poco fa al Teatro San Giorgio il "corso per attore", giunto ormai al ventiseiesimo anno di svolgimento; è riconosciuto da anni come il corso di formazione professionale della Regione Lombardia. È un corso formativo per attori e anche per operatori teatrali. È suddiviso in tre anni: nel primo anno si insegnano le materie di base come l'uso del corpo, del movimento, l'uso della voce, la storia del teatro e un corso di recitazione elementare. Nel secondo anno i corsisti approfondiscono le tecniche che hanno appreso nel primo anno e la recitazione ha uno spazio molto più ampio. Il terzo anno è interamente dedicato all'allestimento di uno spettacolo, con una serie di rappresentazioni che in genere si svolgono a giugno in luoghi all'aperto di Bergamo, e dove i corsisti operano anche come scenografo, regista o aiuto regista.
La scuola non è selettiva rispetto anche ad altre scuole, ben più impegnative come frequenza e obiettivi. Al corso si possono iscrivere tutti coloro che hanno raggiunto almeno i 16 anni e poi non c'è un limite di età. È aperto a tutti coloro che intendono conoscere il teatro prima di tutto, indipendentemente dal desiderio di farlo diventare una professione. La diversità degli allievi, pertanto, costituisce a volte un limite nel presentare, nello spettacolo finale, attori tutti ugualmente dotati; questa scelta, tuttavia, offre a tutti la possibilità di apprendere tecniche e capacità utili non solo per la professione specifica dell'attore, ma come complemento, se non addirittura supporto, di altre professioni del settore educativo e sociale che gli allievi della scuola svolgono o sono intenzionati a svolgere nella loro vita.
I corsi sono pomeridiani e serali.
Durante l'anno scolastico il corso offre gratuitamente appuntamenti con esperti e artisti che aggiungono informazioni e ampliano le conoscenze degli allievi, sia dal punto di vista artistico che professionale. Infatti, creare incontri con professionisti che hanno fatto del teatro un mestiere significa offrire una visione allargata e pluralista del panorama culturale e artistico nazionale.
Altre informazioni sono disponibili su internet www.teatroprova.com.

Adesso hai un minuto di tempo per leggere la prova.
(Il nastro scorre in silenzio per un minuto)
Ascolta di nuovo il testo ed esegui la prova. Dopo l'ascolto hai due minuti di tempo per controllare le tue risposte.
(Il testo viene letto di nuovo, poi il nastro scorre in silenzio per due minuti. Un breve stacco musicale segnala la fine del tempo consentito per eseguire la prova)

Adesso scrivi le risposte delle prove numero due e numero tre nel foglio delle riposte. Hai tre minuti di tempo.
(Il nastro scorre in silenzio per tre minuti. Un breve stacco musicale segnala la fine del test di ascolto)

109

LIVELLO DUE - B2

Sessione GIUGNO 2007

Certificazione
di Italiano come Lingua Straniera

111

Chiavi di soluzione delle prove

cils

Chiavi di soluzione delle prove - livello DUE - B2

TEST DI ASCOLTO

Prova n. 1

Laureato: e adesso?
Il Centro per l'occupazione offre servizi di informazione e orientamento ai giovani universitari e ai neolaureati. Il servizio è rivolto a coloro che vogliono approfondire la loro formazione con la frequenza a corsi di perfezionamento, scuole di specializzazione o dottorati di ricerca, o a chi è interessato ad entrare nel mondo del lavoro attraverso attività di tirocinio. Il Centro offre anche colloqui di orientamento individuali su richiesta dell'interessato per sviluppare un progetto professionale. Il colloquio dura circa un'ora ed è necessario prendere un appuntamento.

Prova n. 2	Prova n. 3
1. C	1
2. A	3
3. D	4
4. A	7
5. A	10
6. C	12
7. D	15

TEST DI COMPRENSIONE DELLA LETTURA

Prova n. 1	Prova n. 2	Prova n. 3	
1. B	2	1	A
2. A	5	10	B
3. C	7	7	C
4. D	9	4	D
5. D	10	5	E
6. B	13	9	F
7. C	15	3	G
		8	H
		6	I
		11	J
		2	K

112

TEST ANALISI DELLE STRUTTURE DI COMUNICAZIONE

Prova n. 1
1. mi; 2. me; 3. la; 4. me; 5. mio; 6. suo; 7. lo; 8. lo; 9. mi; 10. me; 11. suo; 12. miei; 13. ne; 14. mi; 15. suoi; 16. gli; 17. sue; 18. loro; 19. se; 20. lo; 21. loro; 22. li; 23. mi; 24. loro/nostri.

Prova n. 2
1. camminavo; 2. conoscevo; 3. dovevo; 4. avevo; 5. trovasse; 6. ha offerto/offrì; 7. sarebbe stato; 8. è andata/andò; 9. ero immaginata; 10. girovagavo; 11. sembrava; 12. ho deciso/decisi; 13. ho chiesto/chiesi; 14. conoscesse; 15. ha risposto/rispose; 16. trovavo; 17. sono detta/dissi; 18. avevo rintracciato; 19. ho salutato/salutai; 20. sono diretta/diressi.

Prova n. 3	Prova n. 4
1. A	1. B
2. C	2. B
3. B	3. A
4. C	4. B
5. A	5. C
6. B	6. C
7. A	7. D
8. B	8. B
9. A	9. C
10. B	10. C
11. C	
12. D	
13. B	
14. C	
15. A	

LIVELLO DUE - B2

Sessione GIUGNO 2007

Certificazione
di Italiano come Lingua Straniera

113

Criteri di attribuzione
dei punteggi

Criteri di attribuzione dei punteggi - livello DUE - B2

TEST DI ASCOLTO

Prova n. 1
Dettato
Punteggio massimo: **punti 6**
I punti saranno così assegnati:
punti 6:   fino a un massimo di 1 errore di ortografia;
punti 5:   fino a un massimo di 3 errori di ortografia;
punti 4:   fino a un massimo di 6 errori di ortografia;
punti 3:   fino a un massimo di 10 errori di ortografia;
punti 2:   fino a un massimo di 14 errori di ortografia;
punti 1:   fino a un massimo di 20 errori di ortografia.
Una parola non capita o omessa equivale a 3 errori di ortografia
Tre errori di punteggiatura equivalgono a 1 errore di ortografia

Prova n. 2
Test a scelta multipla composto da 7 item
Punteggio massimo: **punti 7**
I punti saranno così assegnati:
punti 1:   per ogni risposta esatta;
punti 0:   per ogni risposta sbagliata o omessa.

Prova n. 3
Test a individuazione di informazioni composto da 15 item
Punteggio massimo: **punti 7**
I punti saranno così assegnati:
punti 1:   per ogni risposta esatta;
punti 0:   per ogni risposta omessa;
punti -0,5:   per ogni risposta sbagliata.

Punteggio totale del test di ascolto: **punti 20**

114

TEST DI COMPRENSIONE DELLA LETTURA

Prova n. 1
Test a scelta multipla composta da 7 item
Punteggio massimo: **punti 7**
I punti saranno così assegnati:
punti 1:   per ogni risposta esatta;
punti 0:   per ogni risposta sbagliata o omessa.

Prova n. 2
Test a individuazione di informazioni composto da 15 item
Punteggio massimo: **punti 7**
I punti saranno così assegnati:
punti 1:   per ogni risposta esatta;
punti 0:   per ogni risposta omessa;
punti -0,5:   per ogni risposta sbagliata.

Prova n. 3
Test a ricostruzione composto da 10 item
Punteggio massimo: **punti 6**
I punti saranno così assegnati:
punti 0,6:   per ogni legame ricostruito in modo consequenziale;
punti 0:   per ogni legame ricostruito in modo non consequenziale o omesso.

Punteggio totale del test di comprensione della lettura: **punti 20**

Criteri di attribuzione dei punteggi - livello DUE - B2

TEST DI ANALISI DELLE STRUTTURE DI COMUNICAZIONE

Prova n. 1
Test a completamento composto da 24 item
Punteggio massimo: **punti 6**
I punti saranno così assegnati:
punti 0,25:	per ogni risposta esatta;
punti 0:	per ogni risposta sbagliata o omessa.

Prova n. 2
Test a completamento composto da 20 item
Punteggio massimo: **punti 6**
I punti saranno così assegnati:
punti 0,3:	per ogni risposta esatta;
punti 0:	per ogni risposta sbagliata o omessa.

Prova n. 3
Test a completamento con scelta multipla composto da 15 item
Punteggio massimo: **punti 6**
I punti saranno così assegnati:
punti 0,4:	per ogni risposta esatta;
punti 0:	per ogni risposta sbagliata o omessa.

Prova n. 4
Test a scelta multipla con 10 item
Punteggio massimo: **punti 6**
I punti saranno così assegnati:
punti 0,6:	per ogni risposta esatta;
punti 0:	per ogni risposta sbagliata o omessa.

115

Punteggio grezzo massimo del test di analisi delle strutture di comunicazione = 24; il punteggio totale del candidato verrà riportato alla scala 20 attraverso la seguente proporzione: **20 : 24 = x: punteggio grezzo del candidato (coeff.: 0,83).**

PRODUZIONE SCRITTA

Prova n. 1
Prova a tema (120 - 140 parole)
Punteggio massimo: **punti 10**
I punti saranno così assegnati:
a)	efficacia comunicativa: **fino a punti 4;**
b)	correttezza morfosintattica: **fino a punti 3,5;**
c)	adeguatezza e ricchezza lessicale: **fino a punti 1,5;**
d)	ortografia e punteggiatura: **fino a punti 1.**

Prova n. 2
Prova a tema (80 - 100 parole)
Punteggio massimo: **punti 10**
I punti saranno così assegnati:
a)	adeguatezza e completezza di contenuto: **fino a punti 2;**
b)	efficacia comunicativa: **fino a punti 2;**
c)	registro/adeguatezza stilistica: **fino a punti 1;**
d)	correttezza morfosintattica: **fino a punti 3;**
e)	adeguatezza e ricchezza lessicale: **fino a punti 1;**
f)	ortografia e punteggiatura: **fino a punti 1.**

Punteggio totale del test di produzione scritta: **punti 20**

Criteri di attribuzione dei punteggi - livello DUE - B2

PRODUZIONE ORALE

Prova n. 1
Interazione faccia a faccia
Punteggio massimo: **punti 10**
I punti saranno così assegnati:
a) efficacia comunicativa: **fino a punti 4;**
b) correttezza morfosintattica: **fino a punti 3;**
c) adeguatezza e ricchezza lessicale: **fino a punti 2;**
d) pronuncia e intonazione: **fino a punti 1.**

Prova n. 2
Parlato faccia a faccia monodirezionale
Punteggio massimo: **punti 10**
I punti saranno così assegnati:
a) efficacia comunicativa: **fino a punti 4;**
b) correttezza morfosintattica: **fino a punti 3;**
c) adeguatezza e ricchezza lessicale: **fino a punti 2;**
pronuncia e intonazione: **fino a punti 1.**

Punteggio totale del test di produzione orale: **punti 20**

116

LIVELLO DUE - B2

Sessione DICEMBRE 2007

Test di ascolto
Numero delle prove 3

cils

Ascolto – Prova n. 1

Dettato. DEVI SCRIVERE IL TESTO NEL 'FOGLIO DELL'ASCOLTO - PROVA N. 1 - DETTATO'.

<u>118</u>

Ascolto – Prova n. 2

Ascolta il testo: è un'intervista radiofonica. Poi completa le frasi. Scegli una delle quattro proposte di completamento che ti diamo per ogni frase. Alla fine del test di ascolto, DEVI SCRIVERE LE RISPOSTE NEL 'FOGLIO DELLE RISPOSTE'.

1. **Il progetto "Pianeta Galileo" si propone di**
   A) favorire gli incontri tra enti pubblici ed università.
   B) diffondere fra gli studenti la ricerca scientifica.
   C) portare la formazione fuori dagli ambienti didattici.
   D) informare gli studenti sulle possibilità occupazionali.

2. **Una delle caratteristiche del progetto è che**
   A) si sviluppa contemporaneamente in tutte le province della Regione Toscana.
   B) coinvolge università pubbliche ed imprese private.
   C) favorisce lo scambio tra studenti degli enti formativi partecipanti.
   D) si tiene in maniera itinerante in tutta Italia.

3. **Il progetto si rivolge agli studenti**
   A) di tutte le scuole.
   B) delle scuole superiori.
   C) dell'ultimo anno di università.
   D) delle scuole superiori e delle università.

119

4. **Per questa edizione gli organizzatori hanno pensato di**
   A) incrementare gli argomenti e gli incontri.
   B) istituire un tema-concorso su arte e scienza.
   C) proiettare documentari e film di argomento scientifico.
   D) inaugurare il progetto con una mostra.

5. **Il progetto prevede anche l'effettuazione di**
   A) un test di ingresso.
   B) una prova finale.
   C) attività multimediali.
   D) visite a musei e laboratori.

6. **I formatori del progetto sono**
   A) docenti in università della Toscana.
   B) studenti iscritti all'ultimo anno.
   C) esperti di fama internazionale.
   D) ricercatori di imprese prestigiose.

7. **Per partecipare al progetto gli insegnanti interessati possono**
   A) telefonare alla segreteria del progetto.
   B) visitare il sito internet.
   C) contattare i responsabili provinciali.
   D) rivolgersi alla segreteria della Regione Toscana.

Ascolto – Prova n. 3

Ascolta il testo: è una trasmissione radiofonica. Poi leggi le informazioni. Scegli le informazioni presenti nel testo. Alla fine del test di ascolto, DEVI SCRIVERE LE RISPOSTE NEL 'FOGLIO DELLE RISPOSTE'.

1. In Italia tutte le università hanno una radio universitaria.

2. *Fuori Aula Network*, la radio dell'Università di Verona, è stata la prima a trasmettere solo su internet.

3. Sin dall'inizio *Fuori Aula Network* ha cominciato a trasmettere nei locali dell'Università in piena autonomia.

4. Gli studenti hanno creato una redazione e proposto nelle trasmissioni radiofoniche tematiche universitarie.

5. L'idea di trovare uno spazio su internet e di diventare una radio on-line è partita dagli studenti.

6. Dal marzo 2005 *Fuori Aula Network* ha cominciato a collaborare con *Facoltà di Frequenza*, la radio dell'Università di Siena.

7. L'obiettivo che si sono dati gli studenti è di arrivare a trasmettere ventiquattro ore su ventiquattro.

8. Le attività che gli studenti svolgono nell'ambito della radio universitaria rientrano nei laboratori didattici.

9. Gli studenti che lavorano nella radio universitaria acquisiscono una competenza molto alta e spesso diventano dei veri e propri professionisti.

10. Le trasmissioni radiofoniche propongono lezioni universitarie in diretta.

11. Gli studenti scelgono le tematiche delle trasmissioni radiofoniche in accordo con i loro docenti.

12. Uno dei vantaggi delle radio universitarie è avere a disposizione i professori per approfondire gli argomenti.

13. Il nome della radio *Fuori Aula Network* vuole indicare che si può imparare anche al di fuori delle lezioni istituzionali.

14. La radio *Fuori Aula Network* è legata ad una rivista on-line con cui condivide il sito internet.

15. Gli atenei si augurano di poter istituire in futuro un'associazione tra tutte le radio universitarie.

Centro CILS - Università per Stranieri di Siena | **Dicembre 2007 Livello DUE - B2**

LIVELLO DUE - B2

Sessione DICEMBRE 2007

Tempo a disposizione 50 minuti

Test di comprensione della lettura

Numero delle prove 3

MUSICA PER MAGGIORENNI
"Imparare a suonare non è mai troppo tardi"

Scuole che raddoppiano, iscritti che crescono, passaparola che contagia uomini e donne, studenti universitari e professionisti. Studiare musica "da grandi" non è più un tabù, in tanti lo fanno e molti si divertono a suonare per gli amici, per la famiglia, da soli.

"In Italia pareva impossibile iniziare questo tipo di studio se non lo si era fatto da bambini," spiega Rossella Fois, insegnante di clarinetto nella scuola *Musicaperta*, scuola nata da un'idea sempre più diffusa di formazione e aggiornamento continuo, "e, invece, alle otto di sera i nostri studenti arrivano dal lavoro per il piacere di suonare. È una grande soddisfazione per noi e per loro".

La nuova scuola, dove si insegnano classica e jazz, organizza corsi in orario serale e propone anche corsi intensivi estivi di cinque giorni, un'altra grande novità per chi non vede la musica solo come un lavoro, ma un esercizio da praticare con passione. "In questi anni, chi coltivava il sogno della musica ha preso coraggio" continua Rossella Fois "a quarant'anni si può imparare a suonare il piano proprio come a sciare o a usare il computer... I Conservatori di musica fingono di non accorgersene, ma un po' ovunque nascono scuole amatoriali per gli adulti che imparano a suonare, e cresce l'editoria rivolta agli adulti che imparano a suonare. Quello che li muove è l'idea di un'attività che non ha nessun altro scopo se non il piacere della mente. Molti hanno studiato musica da piccoli, c'è da ammirarli per aver conservato il piacere di suonare. L'80 per cento dei piccoli musicisti, infatti, abbandona lo studio tra i 12 e i 16 anni e non si avvicina mai più a uno strumento".

Sulle colline di Firenze la Scuola Musicale di Fiesole forma adulti durante tutto l'anno: insegna a cantare, in un coro amatoriale che ormai compete con quelli di professionisti, accoglie singoli studenti nei corsi di strumento, tiene perfino lezioni domenicali per seguire meglio i concerti. Ma è davvero possibile imparare a leggere le note e suonare con piacere dopo i trent'anni? E ci si può avvicinare a ciò che era stato abbandonato nel pieno di una ribellione infantile? Chi lo ha fatto risponde che è dura. Ma che il piacere è impagabile.

"Per mettermi al pianoforte aspetto il momento in cui sono sola" racconta Ierta Zoni, cinquantaseienne di Como. "Ho paura che gli altri possano trovare ridicolo che una persona della mia età sia ancora impegnata a imparare brani molto semplici, valzer e sonatine... Non ho molto tempo, ma appena posso mi siedo e ripeto molte volte la stessa nota finché riesco a produrre il suono, la musica. È una sensazione forte che mi dà gioia ed energia".

I risultati che una persona può ottenere se inizia a suonare da grande sono molto variabili. "Anche un adulto può avere livelli di talento diverso. Alcuni arriveranno a suonare Mozart, altri dovranno fermarsi prima, è difficile stabilirlo all'inizio" spiega Maria Campajola, che da oltre vent'anni insegna pianoforte. "Spesso noi insegnanti non vogliamo accogliere un allievo anziano perché manca la gratificazione del risultato. Ma è un errore. È onesto, però, avvisare tutti: senza un impegno costante, almeno un'ora al giorno, non si arriva da nessuna parte. E chi è abituato a lavorare con metodo o ad allenarsi, per esempio chi è stato uno sportivo, di solito riesce meglio. Ma la musica può essere anche un modo di ripartire, di trovare una nuova dimensione: arriva per ognuno il tempo in cui si sente il bisogno di avere cura di se stessi, di conoscere se stessi".

Comprensione della lettura – Prova n. 1

Completa le frasi. Scegli una delle quattro proposte di completamento che ti diamo per ogni frase.
DEVI SCRIVERE LE RISPOSTE NEL 'FOGLIO DELLE RISPOSTE'.

1. **In Italia sono sempre di più gli adulti che**
   A) si dedicano allo studio di uno strumento musicale.
   B) iscrivono i loro figli ad una scuola di musica.
   C) seguono concerti di musica classica.
   D) si esibiscono in spettacoli di musica e danza.

2. **Secondo l'insegnante di musica Rossella Fois in Italia, per tradizione, si studiava la musica**
   A) all'età che stabilivano i Conservatori.
   B) fin da piccoli.
   C) senza limiti di età.
   D) nell'età dell'adolescenza.

3. **Rossella Fois sostiene che ultimamente è aumentato il numero**
   A) di Conservatori musicali.
   B) di negozi di strumenti musicali.
   C) di corsi e testi per imparare a suonare.
   D) di film musicali.

123

4. **Rossella Fois afferma che la maggior parte dei bambini che suona uno strumento musicale**
   A) realizza il desiderio dei genitori.
   B) ottiene risultati positivi anche in altri settori.
   C) coltiva una predisposizione naturale.
   D) interrompe questa attività nel periodo dell'adolescenza.

5. **La signora Ierta Zoni ama suonare da sola perchè**
   A) teme il giudizio critico degli altri.
   B) ha bisogno di molta concentrazione.
   C) ha paura di annoiare le persone.
   D) vuole rilassarsi completamente.

6. **Secondo l'insegnante Maria Campajola un allievo può raggiungere risultati positivi**
   A) con l'aiuto di un buon maestro.
   B) solo se ha un talento innato.
   C) se è una persona molto ambiziosa.
   D) con un lavoro continuo e accurato.

7. **Per Maria Campajola lo studio di uno strumento musicale da adulti può servire a**
   A) crescere interiormente.
   B) completare la formazione culturale.
   C) conoscere altre persone.
   D) cambiare stile di vita.

BIORARIA: IL RISPARMIO SI VEDE
SOPRATTUTTO DI NOTTE

Un migliore utilizzo dell'energia può far risparmiare fino al 15% sulla bolletta. È possibile con "Bioraria", la nuova offerta per le famiglie che scelgono di passare sul mercato libero con Enel. Con "Bioraria" i clienti pagheranno 6,97 cent/Kwh, se consumano energia dalle ore 19.00 alle ore 8.00, dal lunedì al venerdì. Lo stesso prezzo vale anche per i consumi in tutte le ore del sabato e della domenica e per tutti i giorni festivi dell'anno. Invece, dalle 8.00 alle 19.00, dal lunedì al venerdì, il costo è di 11,17 cent/Kwh. Inoltre, il costo dell'energia rimane fisso per ben due anni: così i clienti sono al riparo dagli effetti dell'andamento del costo dei combustibili sui prezzi dell'elettricità. Le famiglie che aderiscono all'offerta "Bioraria" potranno risparmiare tra il 6% e il 15% l'anno.

Può richiedere l'offerta "Bioraria" chi è già titolare di un contratto di fornitura di energia elettrica per usi domestici e ha un misuratore in grado di rilevare l'energia elettrica per fasce di consumo, quindi un contatore elettronico adatto alla telelettura.

Per conoscere le aree del territorio nazionale in cui è possibile attivare l'offerta "Bioraria", è necessario utilizzare la finestra "Verifica copertura" presente in alto a destra della pagina internet dell'offerta (www.enel.it/enelenergia/offerta/casa_famiglia/bioraria) o contattare il numero verde 800.900.860.

Chi sceglie l'offerta della tariffa "Bioraria" di Enel Energia ottiene 500 Punti Energia del programma Enelpremia, mentre chi richiede l'offerta via internet, attraverso la documentazione contrattuale disponibile on-line sul sito www.enel.it, riceve altri 1000 Punti.

Enelpremia è il nuovo grande programma di Enel Energia che permette ai clienti di ottenere fantastici premi grazie all'uso quotidiano della luce e del gas. L'adesione al programma è gratuita ed i clienti possono farla in qualsiasi momento.

Grazie a Enel Energia con la luce e il gas ogni giorno i clienti accumulano tanti Punti Energia che potranno poi utilizzare per ottenere i fantastici premi del nuovo splendido catalogo.

Inoltre con Enelpremia anche gli acquisti di tutti i giorni possono diventare "speciali" perché i clienti che esibiscono la loro carta fedeltà personale nei punti vendita delle aziende convenzionate possono risparmiare fino al 20%.

Per i clienti che hanno fatto l'iscrizione a Enelpremia è inoltre disponibile un'area web riservata dove è possibile visualizzare il catalogo completo, richiedere i premi, conoscere il proprio saldo punti e molto altro ancora.

Comprensione della lettura – Prova n. 2

Leggi le informazioni. Scegli le informazioni presenti nel testo. DEVI SCRIVERE LE RISPOSTE NEL 'FOGLIO DELLE RISPOSTE'.

1. Enel ha annunciato che ridurrà il costo dell'energia del 15% di tutte le bollette.

2. "Bioraria" è la nuova offerta di Enel che riguarda i consumi di energia elettrica delle famiglie.

3. Grazie all'offerta "Bioraria" l'energia elettrica costa meno per i consumi nelle ore serali e notturne.

4. L'offerta "Bioraria" vale anche il sabato, la domenica e i giorni festivi solo nella fascia oraria dalle 19 alle 8.

5. Il costo del consumo energetico nella fascia oraria dalle 19 alle 8 dell'offerta "Bioraria" è di 11,17 cent/Kwh.

6. I costi dell'energia elettrica nelle diverse fasce orarie dell'offerta "Bioraria" non variano per due anni.

7. Chi chiede di attivare un nuovo contratto con Enel per la fornitura di energia elettrica può scegliere di attivare subito l'offerta della tariffa "Bioraria".

8. Possono richiedere l'offerta "Bioraria" anche i titolari di contratti di fornitura elettrica per usi industriali. 125

9. Per attivare l'offerta "Bioraria", è necessario avere un contatore che misura i consumi in base alle diverse fasce orarie.

10. Ogni mese i clienti che hanno scelto l'offerta "Bioraria" devono leggere il contatore e comunicare i consumi all'Enel attraverso un numero verde.

11. Ancora non è possibile attivare l'offerta "Bioraria" in tutte le zone del territorio italiano.

12. I clienti che richiedono l'offerta "Bioraria" attraverso internet ottengono 500 Punti Energia del programma Enelpremia.

13. Il programma Enelpremia è un'iniziativa promozionale di Enel in base alla quale i clienti ricevono i Punti Energia a seconda dei loro consumi di luce e gas.

14. Per partecipare al programma Enelpremia, i clienti devono fare una specifica adesione che è gratuita.

15. I clienti che partecipano al programma Enelpremia possono accumulare punti anche se fanno acquisti in negozi convenzionati.

Comprensione della lettura – Prova n. 3

Leggi il testo. Il testo è diviso in 11 parti. Le parti non sono in ordine. Ricostruisci il testo. Scrivi il numero d'ordine accanto a ciascuna parte. DEVI SCRIVERE LE RISPOSTE NEL 'FOGLIO DELLE RISPOSTE'.

VIGILIA DI NATALE A CASA DI GIANNA

1 **A.** Gianna mi ha invitato a cena a casa sua per la vigilia di Natale insieme ai vecchi amici del liceo per farci gli auguri, un'occasione per ritrovarsi.

B. E su questa nota nostalgica abbiamo intavolato la nostra conversazione, abbiamo ricordato i vari episodi di classe, dal ritratto dei professori fino alla loro imitazione.

C. Mi ricordo che era proprio qui, a casa di Gianna, che ci trovavamo ai tempi della scuola a studiare.

D. C'è Lidia apparentemente rimasta fedele alla sua immagine: magra, con i soliti capelli corti che le incorniciano il viso.

E. Appena arrivati, ci salutiamo con affetto e ci guardiamo cercando di vedere nell'altro l'amico di un tempo. Poi ci sediamo intorno al tavolo: ci sono proprio tutti!

F. Per me questa cena è un'occasione speciale, perché avevo perso di vista molte persone a causa del lavoro. Poi, tornare a casa di Gianna è stato come fare un salto indietro nel passato.

G. Vicino a Lidia, a sinistra, c'è Vinicio, l'uomo del nostro gruppo, quel tocco di grigio nei capelli gli dà un'aria interessante come il suo lavoro.

H. Accanto a Vinicio c'è la padrona di casa, Gianna la più seria e responsabile del gruppo. Ha viaggiato molto ed è sempre pronta in ogni campo ad aiutare gli altri.

I. Noi ci vediamo ancora con gli occhi di un tempo, senza notare le rughe, i capelli tinti, i dolori reumatici. L'affetto che ci unisce fa scomparire le nostre trasformazioni fisiche.

J. Ed ora siamo di nuovo riuniti a casa sua, intorno al suo tavolo, una volta ingombro di libri e quaderni ed ora ben apparecchiato in rosso e oro.

K. Già ai tempi della scuola aveva dimostrato questa sua propensione: mi ricordo che durante i compiti in classe Gianna ci dava sempre una mano, soprattutto nei compiti di matematica che erano il nostro incubo.

126

LIVELLO DUE - B2

Sessione DICEMBRE 2007

Tempo a disposizione 1 ora

Test di analisi delle strutture di comunicazione

Numero delle prove 4

Analisi delle strutture di comunicazione – Prova n. 1

Completa il testo con gli aggettivi e i pronomi. DEVI SCRIVERE LE RISPOSTE NEL 'FOGLIO DELLE RISPOSTE'.

LA VITA IN RETE

_____Mia_____ (0) madre, un'arzilla signora settantenne, _____ (1) chiama qualche giorno fa

infuriata perché il _____ (2) computer ormai obsoleto non _____ (3) consentiva di chattare

con i _____ (4) amici stranieri che _____ (5) trovavano oltre oceano. Così chiamo il

_____ (6) amico Damiano che ha un negozio molto fornito di prodotti informatici e

_____ (7) chiedo di preparare una "macchina" nuova per la _____ (8) mamma. Dopo due

giorni vado insieme a _____ (9) a ritirare questo nuovo e ben equipaggiato computer. Quando

entriamo nel negozio, Damiano _____ (10) presenta i _____ (11) zii ultra ottantenni, utenti del

computer per utilizzi che vanno dalla scrittura creativa alla chat. Appena tornati a casa togliamo dalla scatola

il computer, _____ (12) colleghiamo al modem adsl e approfittiamo subito della web cam per video

chiamare _____ (13) sorella che abita a New York. Alle 20.00 torno a casa e trovo _____ (14)

figlio di 5 anni che vuole collegarsi al sito del _____ (15) canale televisivo preferito per scaricare un

video di un personaggio dei fumetti. Vado in cucina e trovo _____ (16) moglie con un palmare nuovo

che _____ (17) permette di navigare ovunque e consultare le rubriche di _____ (18) interesse.

Per ora, la gatta, _____ (19) accontenta di guardare le trasmissioni televisive che arrivano a casa

_____ (20) grazie al collegamento in fibra ottica. Da oltre dieci anni _____ (21) affanno a

girare nelle aziende, nelle università, per raccontare chi sono le persone che accedono alla rete, ma ora penso

che _____ (22) figlio e _____ (23) madre siano molto più esperti di _____ (24) .

128

Analisi delle strutture di comunicazione – Prova n. 2

Completa il testo con le forme giuste dei verbi che sono tra parentesi. **DEVI SCRIVERE LE RISPOSTE NEL 'FOGLIO DELLE RISPOSTE'.**

UN GIORNALE PER I RAGAZZI

(chiamarsi) __si chiama__ (0) Blog ed *(essere)* _____ (1) un mensile free press per i giovani della

scuola superiore. *(nascere)* _____ (2) a Bologna un anno e mezzo fa. Oggi la sua distribuzione

(coprire) _____ (3) 27 province italiane, con pagine nazionali e locali. I giovani liceali *(improvvisarsi)*

_____ (4) scrittori con articoli e strisce di fumetti per i loro coetanei. *(assomigliare)* _____ (5)

al giornale che secondo varie indagini gli adolescenti *(desiderare)* _____ (6). Il linguaggio che non

(annoiare) _____ (7), informazioni pratiche, utili dal punto di vista dei ragazzi. Marco Mazzoni,

ideatore di *Blog* in un'intervista *(raccontare)* _____ (8) che quando *(finire)* _____ (9) il liceo,

tre anni fa, nei quaranta istituti superiori bolognesi *(sopravvivere)* _____ (10) due o tre giornali

scolastici, ma *(mancare)* _____ (11) un'informazione che *(partire)* _____ (12) dal basso. Il

giornale *Blog* *(cominciare)* _____ (13) con una redazione di cinque persone e una raccolta pubblicitaria

in proprio, che *(permettere)* _____ (14) di coprire le spese e *(ottenere)* _____ (15) il

riconoscimento delle consulte studentesche provinciali, gli organi che *(rappresentare)* _____ (16) gli

studenti al Ministero dell'Istruzione. La rivista *Blog* su carta *(avere)* _____ (17) molto successo,

nonostante che i giovani *(usare)* _____ (18) internet e questo sta a dimostrare che i giovani *(leggere)*

_____ (19) al contrario di quanto *(illustrare)* _____ (20) i sondaggi.

129

Analisi delle strutture di comunicazione – Prova n. 3

Completa il testo. Scegli una delle proposte di completamento che ti diamo. DEVI SCRIVERE LE RISPOSTE NEL 'FOGLIO DELLE RISPOSTE'.

A LEZIONE DAL PROFCAST

Neppure Steve Jobs, fondatore di Apple e inventore dell'iPod, avrebbe potuto _immaginare_ (0) che il piccolo lettore di file Mp3 sarebbe diventato un _____ (1) didattico universitario. L'idea è venuta a una docente di Storia medievale all'ateneo di Pisa. Un giorno è arrivata in _____ (2) con un registratore digitale, ha registrato la lezione e l'ha messa in rete. "Se volete ripassare, leggete e rileggete il _____ (3), naturalmente" ha poi suggerito ai suoi studenti, "ma collegatevi anche a internet".

Oggi sono già una quarantina le lezioni on-line, divise nei due _____ (4) di Storia medievale e Introduzione agli studi storici. Per seguirle gli studenti possono collegarsi al sito http://web.arte.unipi.it/salvatori/podcast.xml, cliccare sulla lezione che interessa e _____ (5) se ascoltarla al computer o scaricare il file nel lettore Mp3. Con il vantaggio di poter _____ (6) gli argomenti di storia alla _____ (7) di casa o mentre si fa footing al parco. Quella che poteva apparire una provocazione ha suscitato interesse negli studenti e anche nel _____ (8) accademico. "Le lezioni frontali rimangono _____ (9): né il computer né altri _____ (10) potranno mai sostituirle," spiega Marco Pasquali, Rettore dell'Università di Pisa, "ma il nostro ateneo è sempre stato molto sensibile all'_____ (11). Non è un caso che proprio qui sia nata l'_____ (12) italiana".

Il podcast si è rivelato utile per gli studenti presenti alle lezioni, ma soprattutto per quelli che non _____ (13). "I primi rinfrescano le lezioni già ascoltate, gli altri possono colmare il gap dovuto al fatto di non aver seguito in diretta le _____ (14) del docente" dice Enrica Salvatori. "Anche quest'anno replicherò l'_____ (15)" – conclude la docente – "e metterò in rete le prossime lezioni".

130

Analisi delle strutture di comunicazione – Prova n. 3

0.	A) immaginare	B) calcolare	C) inventare	D) fantasticare
1.	A) soccorso	B) appoggio	C) sussidio	D) aiuto
2.	A) sala	B) aula	C) camera	D) stanza
3.	A) manuale	B) lavoro	C) sommario	D) tema
4.	A) cammini	B) viaggi	C) itinerari	D) corsi
5.	A) fissare	B) decidere	C) determinare	D) disporre
6.	A) penetrare	B) indagare	C) approfondire	D) investigare
7.	A) tavola	B) scrivania	C) mensa	D) cattedra
8.	A) mondo	B) cosmo	C) globo	D) pianeta
9.	A) principali	B) capitali	C) elementari	D) fondamentali
10.	A) arnesi	B) attrezzi	C) strumenti	D) utensili
11.	A) innovazione	B) alterazione	C) evoluzione	D) instabilità
12.	A) informazione	B) informativa	C) informalità	D) informatica
13.	A) incontrano	B) frequentano	C) visitano	D) praticano
14.	A) soluzioni	B) annotazioni	C) spiegazioni	D) illustrazioni
15.	A) esperienza	B) esercizio	C) abitudine	D) uso

131

Analisi delle strutture di comunicazione – Prova n. 4

Scegli per ogni espressione una delle quattro situazioni di comunicazione che ti diamo. DEVI SCRIVERE LE RISPOSTE NEL 'FOGLIO DELLE RISPOSTE'.

1. **Mi scusi signora, ho comprato questa gonna due giorni fa, ma a casa mi sono accorta che non è il modello che avevo scelto. La vorrei cambiare!**
   A) In un negozio di abbigliamento acquisti una gonna.
   B) Racconti ad un'amica che ti hanno venduto una gonna rovinata.
   C) In un negozio di abbigliamento chiedi di cambiare un articolo che hai comprato.
   D) Alla cassa di un grande supermercato paghi l'articolo che hai acquistato.

2. **Mi scusi, professore, alle dodici devo fare l'esame, ma ho anche un appuntamento fissato da tempo con un medico specialista. Posso fare l'esame un po' prima delle dodici?**
   A) All'università chiedi al professore di farti anticipare l'orario dell'esame.
   B) All'università chiedi ad un tuo amico di farti fare l'esame prima di lui.
   C) All'ambulatorio di un medico specialista chiedi a un paziente di farti passare avanti.
   D) All'ambulatorio di un medico specialista chiedi di spostarti l'appuntamento.

3. **Vai subito all'ufficio oggetti smarriti, forse qualcuno ha trovato il tuo cellulare e l'ha portato là.**
   A) Un tuo amico telefona all'ufficio oggetti smarriti per sapere se hanno ritrovato il tuo cellulare.
   B) Un tuo amico ti consiglia di recarti all'ufficio oggetti smarriti dove potresti ritrovare il tuo cellulare.
   C) Un tuo amico si reca all'ufficio oggetti smarriti per ritrovare il suo cellulare.
   D) Un tuo amico ha ritrovato il tuo cellulare all'ufficio oggetti smarriti e te lo riporta.

4. **Salve Carlo, sono Marco; come va? Volevo sapere se ti va di venire al cinema sabato sera, viene anche Maria. Ci vediamo alle 8.**
   A) È il messaggio che lasci nella segreteria telefonica di un amico per invitarlo al cinema.
   B) È un annuncio che lasci in bacheca per organizzare un sabato sera in compagnia.
   C) È il racconto che fai ad un amico di una sera passata al cinema con un'amica.
   D) È una lettera che scrivi ad un amico per invitarlo al cinema.

5. **Cercasi cameriera ai piani per noto albergo in zona centrale. Richiesti almeno due anni di esperienza nel settore.**
   A) È l'annuncio di una ragazza che cerca lavoro come cameriera in un albergo.
   B) È l'annuncio di un direttore di un albergo che vuole assumere una cameriera.
   C) È l'annuncio di una signora che offre pulizie a domicilio.
   D) È l'annuncio di un signore che cerca una collaboratrice domestica.

6. **Mi scusi signora ma non si è accorta che c'ero prima io? È mezz'ora che aspetto per mandare un telegramma! Cerchi di rispettare la fila!**
   A) Un signore protesta con una signora che non ha rispettato la fila all'ufficio postale.
   B) Un impiegato dell'ufficio postale rimprovera dei clienti che non rispettano la fila.
   C) Un signore protesta con l'impiegato postale per la lunga attesa in fila all'ufficio postale.
   D) Un impiegato dell'ufficio postale si lamenta con un collega per la lunga fila al suo sportello.

132

7. **Buonasera avvocato, sono Bianchi. Ho provato a telefonarle diverse volte in giornata ma non mi ha risposto nessuno. È urgente, mi potrebbe richiamare il prima possibile a questo numero?**
   A) È un messaggio che il signor Bianchi lascia nella segreteria telefonica di un avvocato per rimandare l'appuntamento.
   B) È un messaggio che un avvocato lascia nella segreteria telefonica del signor Bianchi per confermargli l'appuntamento.
   C) È un messaggio che il signor Bianchi lascia nella segreteria telefonica di un avvocato per chiedere di essere richiamato.
   D) È un messaggio che la segretaria lascia nella segreteria telefonica di un avvocato per ricordargli un appuntamento con il signor Bianchi.

8. **Ecco, fermiamoci qui, davanti a voi potete ammirare una delle fontane italiane più famose del mondo. È la Fontana di Trevi, progettata nel Settecento da Niccolò Salvi.**
   A) È un signore che descrive la Fontana di Trevi a suo figlio.
   B) È un professore che in classe descrive la Fontana di Trevi agli studenti.
   C) È un ragazzo che descrive la Fontana di Trevi ad un amico.
   D) È una guida turistica che descrive la Fontana di Trevi a un gruppo di visitatori.

9. **Ciao Silvia, ieri non sono potuta venire alla lezione di storia dell'arte, potresti prestarmi i tuoi appunti? Li fotocopio e te li riporto.**

133

   A) Incontri una tua compagna di corso e ti chiede di prestarle gli appunti di una lezione di storia dell'arte.
   B) Incontri una tua compagna di corso e le chiedi di prestarti gli appunti di una lezione di storia dell'arte.
   C) Incontri una tua compagna di corso e le chiedi di fotocopiarti gli appunti di una lezione di storia dell'arte.
   D) Incontri una tua compagna di corso e ti chiede di fotocopiarle gli appunti di una lezione di storia dell'arte.

10. **Zona centrale affittasi immobile di 60 mq, arredato e luminoso. Per informazioni telefonare al numero 349. 36745248.**
   A) È un annuncio di un'agenzia immobiliare per la vendita di un appartamento.
   B) È un messaggio scritto sulla porta di un vicino di casa che vende l'appartamento.
   C) È un messaggio vocale registrato in una segreteria telefonica.
   D) È un annuncio di un'agenzia immobiliare per affittare un appartamento.

LIVELLO DUE - B2

Sessione DICEMBRE 2007

Tempo a disposizione 1 ora 10 minuti <u>135</u>

Test di produzione scritta

Numero delle prove 2

cils

Produzione scritta – Prova n. 1

Descrivi le usanze e le tradizioni del tuo paese per la fine dell'anno. Devi scrivere da 120 a 140 parole.
DEVI SCRIVERE IL TESTO NEL 'FOGLIO DELLA PRODUZIONE SCRITTA - PROVA N. 1'.

136

Produzione scritta – Prova n. 2

Scrivi una lettera ad un'amica/amico per invitarla/invitarlo alla tua festa di compleanno, gli spieghi anche l'itinerario che deve seguire per arrivare a casa tua. Devi scrivere da 80 a 100 parole. DEVI SCRIVERE IL TESTO NEL 'FOGLIO DELLA PRODUZIONE SCRITTA - PROVA N. 2'.

137

Certificazione di Italiano come Lingua Straniera | Dicembre 2007

LIVELLO DUE - B2

Test di Produzione orale

Il test di produzione orale comprende due prove ed è individuale.

Le prove orali devono essere interamente registrate su CD. Alla fine degli esami le registrazioni verranno inviate in originale all'Università per Stranieri di Siena per la valutazione.

Le prove dei singoli candidati verranno registrate in successione sullo stesso CD. L'esaminatore dovrà:
- verificare il funzionamento delle apparecchiature con una breve registrazione di prova;
- far firmare il candidato nel foglio delle prove orali;
- registrare sul CD, prima dell'inizio delle prove, il nome, il cognome e il numero di matricola del candidato;
- verificare, prima di congedare il candidato, che le prove siano state registrate;
- scrivere sulla copertina dei CD la sede e il livello, e i nomi dei candidati nell'ordine registrazione;
- nominare i file audio con il numero di matricola del candidato.

Si avverte che le prove dei candidati non correttamente identificati <u>non potranno essere valutate</u>.

Obiettivo del test è ottenere del materiale per verificare la capacità di parlato in lingua italiana. Pertanto è opportuno che l'argomento che serve da input non costituisca un ostacolo alla produzione.

Prova n. 1

La prova ha le caratteristiche di una conversazione faccia a faccia. Il candidato dovrà fare un dialogo con l'esaminatore su uno dei seguenti argomenti:
- **i suoi progetti per il futuro;**
- **che cosa farebbe se vincesse alla lotteria;**
- **l'incontro con una persona che ha influenzato la sua vita;**
- **cosa cambierebbe nel suo aspetto fisico o nel suo carattere.**

L'esaminatore farà scegliere al candidato uno degli argomenti. Successivamente darà l'avvio alla conversazione rivolgendo al candidato una prima domanda relativa all'argomento scelto e continuerà a sollecitare la conversazione rivolgendo altre domande sulla base delle risposte date dal candidato.

Durata della conversazione: *3-4 minuti circa*.

Prova n. 2

La prova ha le caratteristiche di un parlato faccia a faccia monodirezionale. L'esaminatore inviterà il candidato a parlare da solo su uno dei seguenti temi:
- **un piatto tipico italiano o del suo paese;**
- **una festa tradizionale del suo paese o della sua città;**
- **la situazione dell'immagine n. 1;**
- **la situazione dell'immagine n. 2.**

Il candidato dovrà organizzare la propria esposizione senza l'aiuto dell'esaminatore, che potrà eventualmente intervenire per aiutare il candidato che abbia difficoltà a parlare.

Durata dell'esposizione: *2 minuti circa*.

1

140

2

LIVELLO DUE - B2

Sessione DICEMBRE 2007

Certificazione
di Italiano come Lingua Straniera

Trascrizioni delle prove di Ascolto

Trascrizioni delle prove di Ascolto - livello DUE - B2

Ascolto. Prova numero uno

Apri il quaderno alla pagina della prova di ascolto numero uno.
Ascolta il testo. Dopo l'ascolto ti dettiamo il testo.
(Il testo viene letto per la prima volta)

Hai deciso di studiare ma lavori e non sai come fare? Adesso il politecnico di Milano ti offre la laurea in ingegneria in rete: frequenti le lezioni, studi, ti eserciti, ti confronti con i professori e con i compagni, 24 ore su 24. Il piano di studio è flessibile. Scegli tu in quanto tempo laurearti e come organizzarti con i tuoi impegni. I docenti sono sempre a tua disposizione. Informati subito e iscriviti entro il 20 settembre 2007.

Ascolta e scrivi. Ti dettiamo anche la punteggiatura: virgola, punto, punto e virgola, due punti, punto interrogativo, punto esclamativo.
(Il testo viene dettato)
Leggi e controlla quello che hai scritto. Hai due minuti di tempo.
(Il nastro scorre in silenzio per due minuti)
Ascolta di nuovo il testo e controlla quello che hai scritto.
(Il testo viene letto di nuovo. Dopo un breve stacco musicale inizia la prova numero due)

Ascolto. Prova numero due

142

Apri il quaderno alla pagina della prova di ascolto numero due.
Ascolta il testo. Sentirai il testo due volte.
(Il testo viene letto per la prima volta)

- **Buonasera a tutti da Alba Grandi e benvenuti a Radio Campus. Oggi parliamo del Pianeta Galileo, l'iniziativa della Regione Toscana. Abbiamo con noi a parlarci di questo progetto Luca Sartini del comitato scientifico della manifestazione.**
- Il "Pianeta Galileo" è un progetto di divulgazione scientifica che organizza la Regione Toscana, e che coinvolge tutti gli enti pubblici e le Università della regione. È un mese tutto dedicato alla conoscenza scientifica in Toscana; con tanti appuntamenti che si svolgono in diverse città.
- **A chi è rivolta questa divulgazione?**
- È rivolta agli studenti delle scuole medie superiori e agli studenti universitari proprio per aiutare gli studenti a conoscere le tematiche della ricerca scientifica e aiutarli nella scelta del loro percorso universitario.
- **Quando è nato il progetto?**
- Il progetto è nato nel 2004. Questa è la terza edizione e vede un ampliamento di temi e di occasioni di incontro con il pubblico. L'iniziativa si apre ufficialmente lunedì 16 ottobre.
- **A chi è rivolto?**
- È rivolto a tutte e dieci le province toscane. Coinvolge i docenti delle Università di Siena, Pisa e Firenze, anche coinvolge ricercatori di musei o di istituzioni scientifiche.
- **Come è strutturato, come è organizzato?**
- Ma... c'è un coordinamento tra tutte le istituzioni locali e le istituzioni di cultura e di ricerca scientifica della regione, c'è uno scambio tra i docenti dei vari Atenei che si rivolgono nelle varie province agli studenti di tutta la Toscana.
- **Quindi le università si rivolgono agli studenti per orientarli nella futura scelta di un percorso universitario.**
- Innanzitutto è un'informazione su quali sono le tappe importanti, quali sono le tematiche attuali, della ricerca scientifica e quindi in questo modo si fa un orientamento, un'informazione agli studenti; lo scopo è una divulgazione, la divulgazione della ricerca scientifica.
- **Che tipo di attività include il progetto?**
- Oltre che fare lezioni, ci sono anche altri tipi di attività, ci sono visite guidate ai laboratori, ci sono visite guidate ai musei; quindi diciamo che questa diversità di metodologia di divulgazione è uno dei temi importanti della manifestazione, perché cerca di avvicinare gli studenti con una varietà di mezzi molto alta.
- **Chi sono i formatori?**
- Sono studiosi di prestigio internazionale, che però cercano di illustrare in un linguaggio semplice idee e problemi fondamentali che sono alla base delle diverse discipline scientifiche.
- **Le scuole e gli insegnanti che volessero mettersi in contatto con "Pianeta Galileo", cosa devono fare?**
- I responsabili delle varie province dovrebbero già avere contattato gli insegnanti, che comunque possono trovare informazioni e il programma completo nell'apposito sito della Regione Toscana, www.pianetagalileo.it.
- **E per questa sera è tutto, ci risentiamo domani sera sempre su Radio Campus.**

Trascrizioni delle prove di Ascolto - livello DUE - B2

Adesso hai un minuto di tempo per leggere la prova.
(Il nastro scorre in silenzio per un minuto)
Ascolta di nuovo il testo ed esegui la prova. Dopo l'ascolto hai due minuti di tempo per controllare le tue risposte.
(Il testo viene letto di nuovo. Poi il nastro scorre in silenzio per due minuti. Dopo un breve stacco musicale inizia la prova numero tre)

Ascolto. Prova numero tre

Apri il quaderno alla pagina della prova di ascolto numero tre.
Ascolta il testo. Sentirai il testo due volte.
(Il testo viene letto per la prima volta)

- **Buongiorno a tutti da Fabio Grisani. Oggi parliamo di radio e università. Per ora in Italia sono dodici gli atenei che possono vantare una radio ufficiale. Oggi vi proponiamo FAN, Fuori Aula Network, la radio degli studenti di Verona ed è la prima radio universitaria che trasmette solo on-line. Ci colleghiamo con la redazione di Fuori Aula Network, dove c'è Tiziana Cavallo che è la referente del progetto Web Radio dell'Università di Verona.**

- Noi, dell'Università di Verona abbiamo investito come ufficio di comunicazione sul progetto radiofonico a partire dal 2002. All'inizio ci siamo appoggiati ad una radio locale che ha dato uno spazio settimanale; andavamo lì con una redazione di studenti e portavano le loro tematiche, poi però con il passare del tempo è nata l'esigenza di avere una radio tutta nostra e i ragazzi quindi hanno deciso, proprio perché la spinta è nata principalmente da loro, di provare con il mezzo internet; e quindi nel marzo 2005 è nata Fuori Aula Network; è la prima Web Radio Universitaria, mentre la capostipite di tutte le radio universitarie è stata l'Università di Siena con Facoltà di Frequenza. Per quanto riguarda la trasmissione in diretta abbiamo progredito sempre di più e attualmente trasmettiamo ventiquattr'ore su ventiquattro. Non è facile gestire una programmazione, un palinsesto intero soprattutto quando è realizzato da studenti universitari che ovviamente lo fanno come laboratorio didattico, non come professione, anche se ad essere sinceri diventano quasi sicuramente dei professionisti. Gli argomenti che si trattano, in diretta o registrati, sono i più vari, ma con un punto di vista che è quello degli studenti universitari. Il fatto di essere del mondo universitario permette un ampio spettro di approfondimento; infatti è possibile chiamare il professore della materia, che è un valore aggiunto e una radio universitaria deve puntare a sfruttare al massimo quello che è il mondo accademico. Attualmente siamo inseriti all'interno di un progetto che si chiama Fuori Aula, infatti la radio si chiama Fuori Aula Network proprio dal sito internet www.fuoriaula.it, che è il sito della rivista on-line dalla quale si può accedere alla radio e ascoltarci da lì. In futuro speriamo di poterci sviluppare ulteriormente e prevediamo di avere un sito apposito per la radio.

Adesso hai un minuto di tempo per leggere la prova.
(Il nastro scorre in silenzio per un minuto)
Ascolta di nuovo il testo ed esegui la prova. Dopo l'ascolto hai due minuti di tempo per controllare le tue risposte.
(Il testo viene letto di nuovo, poi il nastro scorre in silenzio per due minuti. Un breve stacco musicale segnala la fine del tempo consentito per eseguire la prova)

Adesso scrivi le risposte delle prove numero due e numero tre nel foglio delle riposte. Hai tre minuti di tempo.
(Il nastro scorre in silenzio per tre minuti. Un breve stacco musicale segnala la fine del test di ascolto)

143

LIVELLO DUE - B2

Sessione DICEMBRE 2007

Certificazione
di Italiano come Lingua Straniera

Chiavi di soluzione delle prove

Chiavi di soluzione delle prove - livello DUE - B2

TEST DI ASCOLTO

Prova n. 1
Hai deciso di studiare ma lavori e non sai come fare? Adesso il politecnico di Milano ti offre la laurea in ingegneria in rete: frequenti le lezioni, studi, ti eserciti, ti confronti con i professori e con i compagni, 24 ore su 24. Il piano di studio è flessibile. Scegli tu in quanto tempo laurearti e come organizzarti con i tuoi impegni. I docenti sono sempre a tua disposizione. Informati subito e iscriviti entro il 20 settembre 2007.

Prova n. 2		**Prova n. 3**
1	B	2
2	A	4
3	D	5
4	A	8
5	D	9
6	C	12
7	B	14

TEST DI COMPRENSIONE DELLA LETTURA

Prova n. 1		**Prova n. 2**	**Prova n. 3**	
1.	A	2	1	A
2.	B	3	10	B
3.	C	6	3	C
4.	D	9	6	D
5.	A	11	5	E
6.	D	13	2	F
7.	A	14	7	G
			8	H
			11	I
			4	J
			9	K

TEST ANALISI DELLE STRUTTURE DI COMUNICAZIONE

Prova n. 1
1. mi; 2. suo; 3. le; 4. suoi; 5. si; 6. mio; 7. gli; 8. mia; 9. lei; 10. ci; 11. suoi; 12. lo; 13. mia; 14. mio; 15. suo; 16. mia; 17. le; 18. suo; 19. si; 20. nostra/mia; 21. mi; 22. mio; 23. mia; 24. me.

Prova n. 2
1. è; 2. è nato; 3. copre; 4. si improvvisano; 5. assomiglia; 6. desiderano; 7. annoia; 8. racconta; 9. ha finito; 10. sono sopravvissuti/sopravvivevano; 11. mancava; 12. partiva; 13. è/ha cominciato; 14. ha permesso; 15. ha ottenuto; 16. rappresentano; 17. ha avuto; 18. usino; 19. leggono; 20. illustrano.

Prova n. 3		**Prova n. 4**	
1	C	1	C
2	B	2	A
3	A	3	B
4	D	4	A
5	B	5	B
6	C	6	A
7	B	7	C
8	A	8	D
9	D	9	B
10	C	10	D
11	A		
12	D		
13	B		
14	C		
15	A		

146

LIVELLO DUE - B2

Sessione DICEMBRE 2007

Certificazione
di Italiano come Lingua Straniera

Criteri di attribuzione dei punteggi

Criteri di attribuzione dei punteggi - livello DUE - B2

TEST DI ASCOLTO

Prova n. 1
Dettato
Punteggio massimo: **punti 6**
I punti saranno così assegnati:
punti 6:   fino a un massimo di 1 errore di ortografia;
punti 5:   fino a un massimo di 3 errori di ortografia;
punti 4:   fino a un massimo di 6 errori di ortografia;
punti 3:   fino a un massimo di 10 errori di ortografia;
punti 2:   fino a un massimo di 14 errori di ortografia;
punti 1:   fino a un massimo di 20 errori di ortografia.
Una parola non capita o omessa equivale a 3 errori di ortografia
Tre errori di punteggiatura equivalgono a 1 errore di ortografia

Prova n. 2
Test a scelta multipla composto da 7 item
Punteggio massimo: **punti 7**
I punti saranno così assegnati:
punti 1:   per ogni risposta esatta;
punti 0:   per ogni risposta sbagliata o omessa.

Prova n. 3
Test a individuazione di informazioni composto da 15 item
Punteggio massimo: **punti 7**
I punti saranno così assegnati:
punti 1:   per ogni risposta esatta;
punti 0:   per ogni risposta omessa;
punti -0,5: per ogni risposta sbagliata.

Punteggio totale del test di ascolto: **punti 20**

148

TEST DI COMPRENSIONE DELLA LETTURA

Prova n. 1
Test a scelta multipla composta da 7 item
Punteggio massimo: **punti 7**
I punti saranno così assegnati:
punti 1:   per ogni risposta esatta;
punti 0:   per ogni risposta sbagliata o omessa.

Prova n. 2
Test a individuazione di informazioni composto da 15 item
Punteggio massimo: **punti 7**
I punti saranno così assegnati:
punti 1:   per ogni risposta esatta;
punti 0:   per ogni risposta omessa;
punti -0,5: per ogni risposta sbagliata.

Prova n. 3
Test a ricostruzione composto da 10 item
Punteggio massimo: **punti 6**
I punti saranno così assegnati:
punti 0,6:   per ogni legame ricostruito in modo consequenziale;
punti 0:   per ogni legame ricostruito in modo non consequenziale o omesso.

Punteggio totale del test di comprensione della lettura: **punti 20**

Criteri di attribuzione dei punteggi - livello DUE - B2

TEST DI ANALISI DELLE STRUTTURE DI COMUNICAZIONE

Prova n. 1
Test a completamento composto da 24 item
Punteggio massimo: **punti 6**
I punti saranno così assegnati:
punti 0,25: per ogni risposta esatta;
punti 0: per ogni risposta sbagliata o omessa.

Prova n. 2
Test a completamento composto da 20 item
Punteggio massimo: **punti 6**
I punti saranno così assegnati:
punti 0,3: per ogni risposta esatta;
punti 0: per ogni risposta sbagliata o omessa.

Prova n. 3
Test a completamento con scelta multipla composto da 15 item
Punteggio massimo: **punti 6**
I punti saranno così assegnati:
punti 0,4: per ogni risposta esatta;
punti 0: per ogni risposta sbagliata o omessa.

Prova n. 4
Test a scelta multipla con 10 item
Punteggio massimo: **punti 6**
I punti saranno così assegnati:
punti 0,6: per ogni risposta esatta;
punti 0: per ogni risposta sbagliata o omessa.

149

Punteggio grezzo massimo del test di analisi delle strutture di comunicazione = 24; il punteggio totale del candidato verrà riportato alla scala 20 attraverso la seguente proporzione: **20: 24 =x: punteggio grezzo del candidato (coeff.: 0,83).**

PRODUZIONE SCRITTA

Prova n. 1
Prova a tema (120 - 140 parole)
Punteggio massimo: **punti 10**
I punti saranno così assegnati:
a) efficacia comunicativa: **fino a punti 4;**
b) correttezza morfosintattica: **fino a punti 3,5;**
c) adeguatezza e ricchezza lessicale: **fino a punti 1,5;**
d) ortografia e punteggiatura: **fino a punti 1.**

Prova n. 2
Prova a tema (80 - 100 parole)
Punteggio massimo: **punti 10**
I punti saranno così assegnati:
a) adeguatezza e completezza di contenuto: **fino a punti 2;**
b) efficacia comunicativa: **fino a punti 2;**
c) registro/adeguatezza stilistica: **fino a punti 1;**
d) correttezza morfosintattica: **fino a punti 3;**
e) adeguatezza e ricchezza lessicale: **fino a punti 1;**
f) ortografia e punteggiatura: **fino a punti 1.**

Punteggio totale del test di produzione scritta: **punti 20**

Criteri di attribuzione dei punteggi - livello DUE - B2

PRODUZIONE ORALE

Prova n. 1
Interazione faccia a faccia
Punteggio massimo: **punti 10**
I punti saranno così assegnati:
a) efficacia comunicativa: **fino a punti 4;**
b) correttezza morfosintattica: **fino a punti 3;**
c) adeguatezza e ricchezza lessicale: **fino a punti 2;**
d) pronuncia e intonazione: **fino a punti 1.**

Prova n. 2
Parlato faccia a faccia monodirezionale
Punteggio massimo: **punti 10**
I punti saranno così assegnati:
a) efficacia comunicativa: **fino a punti 4;**
b) correttezza morfosintattica: **fino a punti 3;**
c) adeguatezza e ricchezza lessicale: **fino a punti 2;**
d) pronuncia e intonazione: **fino a punti 1.**

Punteggio totale del test di produzione orale: **punti 20**

* Nella lettera o e-mail devono essere indicati: data, destinatario, formula di presentazione e di congedo, firma.

APPLICA QUI
L'ETICHETTA ->

UNIVERSITÀ PER STRANIERI DI SIENA
ESAME CILS LIVELLO DUE - B2

FOGLI DELLE RISPOSTE   (?)

SCRIVI CON LA PENNA NERA.
ANNERISCI LA CASELLA CHE CORRISPONDE ALLA RISPOSTA GIUSTA.
SEGUI L'ESEMPIO SOTTO:

ANNERISCI LA CASELLA COSÌ: --> ●

NON COSÌ: --> ⊗ ☑

ASCOLTO PROVA N. 2	ASCOLTO PROVA N. 3	LETTURA PROVA N. 1	LETTURA PROVA N. 2

ASCOLTO PROVA N. 2

  A B C D
1 ○○○○
2 ○○○○
3 ○○○○
4 ○○○○
5 ○○○○
6 ○○○○
7 ○○○○

ASCOLTO PROVA N. 3

○1   ○6   ○11
○2   ○7   ○12
○3   ○8   ○13
○4   ○9   ○14
○5   ○10   ○15

LETTURA PROVA N. 1

  A B C D
1 ○○○○
2 ○○○○
3 ○○○○
4 ○○○○
5 ○○○○
6 ○○○○
7 ○○○○

LETTURA PROVA N. 2

○1   ○6   ○11
○2   ○7   ○12
○3   ○8   ○13
○4   ○9   ○14
○5   ○10   ○15

LETTURA PROVA N. 3

  A B C D E F G H I J K
1 ●○○○○○○○○○○
2 ○○○○○○○○○○○
3 ○○○○○○○○○○○
4 ○○○○○○○○○○○
5 ○○○○○○○○○○○
6 ○○○○○○○○○○○
7 ○○○○○○○○○○○
8 ○○○○○○○○○○○
9 ○○○○○○○○○○○
10 ○○○○○○○○○○○
11 ○○○○○○○○○○○

STRUTTURE DELLA COMUNICAZIONE PROVA N. 3

  A B C D
0 ○●○○○
1 ○○○○
2 ○○○○
3 ○○○○
4 ○○○○
5 ○○○○
6 ○○○○
7 ○○○○
8 ○○○○
9 ○○○○
10 ○○○○
11 ○○○○
12 ○○○○
13 ○○○○
14 ○○○○
15 ○○○○

STRUTTURE DELLA COMUNICAZIONE PROVA N. 4

  A B C D
1 ○○○○
2 ○○○○
3 ○○○○
4 ○○○○
5 ○○○○
6 ○○○○
7 ○○○○
8 ○○○○
9 ○○○○
10 ○○○○

Scrivi le risposte delle prove di strutture della comunicazione n. 1 e 2 nel retro del foglio!

1006102R12

APPLICA QUI L'ETICHETTA ->

SCRIVI IN STAMPATELLO: LE LETTERE NON DEVONO
TOCCARE I BORDI DELLE CASELLE.
COMINCIA A SCRIVERE DALLA PRIMA CASELLA.
LASCIA UNO SPAZIO TRA LE PAROLE SE LA RISPOSTA
CONTIENE PIÚ DI UNA PAROLA.
DEVI SCRIVERE L'APOSTROFO IN UNA CASELLA.
SEGUI GLI ESEMPI INDICATI A FIANCO:

A	Á	B	C	D	E	È	F	G	H
I	Í	L	M	N	O	Ó	R	S	T
U	Ú	V	Z	'					

H	O		A	V	U	T	O

STRUTTURE DELLA
COMUNICAZIONE
PROVA N. 1

1.
2.
3.
4.
5.
6.
7.
8.
9.
10.
11.
12.
13.
14.
15.
16.
17.
18.
19.
20.
21.
22.
23.
24.

STRUTTURE DELLA
COMUNICAZIONE
PROVA N. 2

1.
2.
3.
4.
5.
6.
7.
8.
9.
10.
11.
12.
13.
14.
15.
16.
17.
18.
19.
20.

CONSENSO AL TRATTAMENTO DATI PERSONALI (DLGS 196/2003)
il sottoscritto autorizza l'Università per Stranieri di Siena al trattamento dei
propri dati personali ai fini dell'effettuazione degli esami e della stampa del
certificato CILS, una volta superati gli esami, e ai fini statistici e di ricerca
scientifica.

FIRMA DEL CANDIDATO

2472619720

APPLICA QUI
L'ETICHETTA ->

UNIVERSITÀ PER STRANIERI DI SIENA
ESAME CILS LIVELLO DUE - B2

PRODUZIONE SCRITTA - prova N.1

SCRIVI CON UNA PENNA NERA.

```
*1006102S12*
```

APPLICA QUI
L'ETICHETTA ->

FIRMA DEL CANDIDATO

SPAZIO RISERVATO AL VALUTATORE

EFFICACIA COMUNICATIVA

○ 0   ○ 0.5   ○ 1   ○ 1.5   ○ 2   ○ 2.5   ○ 3   ○ 3.5   ○ 4

CORRETTEZZA MORFOSINTATTICA   ADEGUATEZZA E RICCHEZZA LESSICALE

○ 0   ○ 0.5   ○ 1   ○ 1.5   ○ 2   ○ 2.5   ○ 3   ○ 3.5   ○ 0   ○ 0.5   ○ 1   ○ 1.5

ORTOGRAFIA E PUNTEGGIATURA   SIGLA VALUTATORE

○ 0   ○ 0.5   ○ 1

A B C D E F G H I J K L M N O P Q R S T U V W X Y Z
○○○○○○○○○○○○○○○○○○○○○○○○○○
○○○○○○○○○○○○○○○○○○○○○○○○○○
○○○○○○○○○○○○○○○○○○○○○○○○○○
○○○○○○○○○○○○○○○○○○○○○○○○○○

2752484204

UNIVERSITÀ PER STRANIERI DI SIENA
ESAME CILS LIVELLO DUE - B2

PRODUZIONE SCRITTA - prova N.2

SCRIVI CON UNA PENNA NERA.

* 1 0 0 6 1 0 2 S 2 2 *

APPLICA QUI L'ETICHETTA ->

CONSENSO AL TRATTAMENTO DATI PERSONALI (DLGS 196/2003)
il sottoscritto autorizza l'Università per Stranieri di Siena al trattamento dei propri dati personali ai fini dell'effettuazione degli esami e della stampa del certificato CILS, una volta superati gli esami, e ai fini statistici e di ricerca scientifica.

FIRMA DEL CANDIDATO

SPAZIO RISERVATO AL VALUTATORE

ADEGUATEZZA E COMPLETEZZA DI CONTENUTO

O 0 O 0.5 O 1 O 1.5 O 2

EFFICACIA COMUNICATIVA

O 0 O 0.5 O 1 O 1.5 O 2

REGISTRO/ADEGUATEZZA STILISTICA

O 0 O 0.5 O 1

CORRETTEZZA MORFOSINTATTICA

O 0 O 0.5 O 1 O 1.5 O 2 O 2.5 O 3

ADEGUATEZZA E RICCHEZZA LESSICALE

O 0 O 0.5 O 1

ORTOGRAFIA E PUNTEGGIATURA

O 0 O 0.5 O 1

SIGLA VALUTATORE

A B C D E F G H I J K L M N O P Q R S T U V W X Y Z

3750015247

`* 1 0 0 6 1 0 2 A 1 1 *`

UNIVERSITÀ PER STRANIERI DI SIENA
ESAME CILS LIVELLO DUE - B2

ASCOLTO - PROVA N.1 - DETTATO

SCRIVI CON UNA PENNA NERA.

FIRMA DEL CANDIDATO

SPAZIO RISERVATO AL VALUTATORE

ORTOGRAFIA E PUNTEGGIATURA

○ 0 ○ 0.5 ○ 1 ○ 1.5 ○ 2 ○ 2.5 ○ 3 ○ 3.5 ○ 4 ○ 4.5 ○ 5 ○ 5.5 ○ 6

SIGLA VALUTATORE

A B C D E F G H I J K L M N O P Q R S T U V W X Y Z

3462415612

09122

UNIVERSITÀ PER STRANIERI DI SIENA
QUESTIONARIO INFORMATIVO

Sesso: ○ M   ○ F

Qual è la tua lingua?

Qual è la tua attività?

○ artista   ○ casalinga   ○ commesso   ○ dirigente   ○ impiegato   ○ insegnante

○ interprete   ○ libero professionista   ○ militare   ○ non occupato ○ operaio

○ pensionato   ○ religioso   ○ segretario   ○ sportivo   ○ studente   ○ tecnico qualificato

○ traduttore   ○ altro

Quale scuola hai frequentato? Per quanti anni sei andato a scuola?

○ scuola di base (fino a 9 anni di scuola) ○ scuola superiore   ○ università

○ altro

Da quanto tempo studi l'italiano?

○ da un mese   ○ da tre mesi   ○ da sei mesi   ○ da un anno   ○ da due anni   ○ da tre anni

○ da più di 5 anni

Se vivi in Italia, da quanto tempo risiedi in Italia?

○ meno di un anno   ○ da 1 a 3 anni   ○ da 4 a 6 anni

○ da 7 a 10 anni   ○ oltre 10 anni

Se vivi all'estero, per quanto tempo sei stato in Italia?

○ meno di un anno   ○ da 1 a 3 anni   ○ da 4 a 6 anni

○ da 7 a 10 anni   ○ oltre 10 anni

Perché hai scelto di studiare l'italiano? (annerisci una casella, per ciascuna scelta)

                                                                    A B C
    A) il motivo più importante   1. Perché avevo tempo libero○○○
    B) un motivo meno importante   2. Per motivi di studio   ○○○
    C) motivo non importante   3. Per motivi di lavoro   ○○○
Puoi segnare solo una volta la risposta A.   4. per motivi personali   ○○○

Conosci altre lingue oltre l'italiano? ○ Sì   ○ No

Quali?

CONSENSO AL TRATTAMENTO DATI PERSONALI (DLGS 196/2003)
Il sottoscritto autorizza l'Università per Stranieri di Siena al trattamento dei propri
dati personali ai fini dell'effettuazione degli esami e della stampa del certificato
CILS, una volta superati gli esami, e a fini statistici e di ricerca scientifica.

    Firma leggibile

_5782042165_

FOGLIO DI IDENTIFICAZIONE

Applica qui l'etichetta

Questo è il numero di matricola con cui la segreteria del Centro Certificazione CILS ti ha registrato al momento della tua prima iscrizione all'esame CILS. **È indispensabile conservare questo numero per:**

- accedere alla pagina dei risultati CILS del sito www.unistrasi.it (dal sito cliccare sulla voce "Certificazione CILS", poi scegliere l'opzione "Risultati esame CILS");

- richiedere qualsiasi informazione sull'esame svolto;

- iscriverti ad una nuova sessione di esame.

Ricordiamo che, se non hai superato tutte le abilità, hai a disposizione un anno dalla prima iscrizione all'esame (due sessioni di esame) per cercare di ottenere il certificato.

Finito di stampare nel mese di maggio 2011
da Grafiche CMF - Foligno (PG)
per conto di Guerra Edizioni - Guru s.r.l.